U0014335

揭開日常生活中精神虐待的真相

冷暴力

當代精神虐待研究與防治先驅
瑪麗法蘭絲・伊里戈揚 Marie-France Hirigoyen——著

顧淑馨——譯

Le harcèlement moral.
La violence perverse
au quotidien

媒體推薦

我保證你會跟我一樣一口氣從頭到尾讀完這本書，沒有停頓。為什麼？因為你會想要在自己的書上畫線、標記，在某些行和段落上畫出大大的驚嘆號，甚至讓書頁被眼淚浸濕。你會想把這本書擺在床邊，當你夜半醒來，為你已經不記得的夢哭泣，伊里戈揚的智慧能把你帶到一個理性的地方，安全保護你，解開你糾結的心。

——amazon.com 讀者

法國心理治療專家伊里戈揚在書中指出，精神虐待關係在婚姻、家庭和職場都十分普遍，她也詳盡說明「精神虐待者」與其「受害者」演變出的微妙、陰暗關係。本書在法國已是暢銷書，其行文條理分明又充滿仁心仁術，並提供明智的建議，在關注此議題的一般大眾與專業人士中，贏得一群忠實讀者。

——美國《出版人周刊》（*Publisher Weekly*）

伊里戈揚完成了一部對心理治療特別有價值的巨著。閱讀此書成為獨特的經驗。我相信許多讀者會意外的發現，書裡不僅有一面反映自己人生的鏡子，還有最重要的，由一個深入了解問題的目擊者提供的協助。唯有像這樣的目擊者在身旁，我們才有勇氣和力量，面對本身痛苦的真相，也才可能去了解，最終獲得療癒。

——猶太裔德國精神分析師愛麗絲・米勒（Alice Miller），《幸福童年的祕密》（*The Drama of the Gifted Child*）作者

伊里戈揚提出許多關於這個主題的嚴肅課題。她明智的建議我們，不要把整個問題內化或變成心理負擔，而應認清人生充滿涉及權力的極端行為。當權力問題失控時，受傷的就是靈魂。

——美國心理治療及靈修主題作家湯瑪斯・摩爾（Thomas Moore），《隨心所欲》（*Care of the Soul*）作者

當雇主們愈來愈憂心員工的狀態欠佳，因鬱抑而病假連連，作者身為精神科醫師及精神分析師，向讀者揭示我們的同事往往深陷在怎樣的抑鬱漩渦，其中潛在的機制又是如何運

作的。這種新穎的研究路徑，從豐富的臨床經驗汲取許多案例作為基礎，也令人對此議題更感不安。

——法國《企業月刊》（*L'Entreprise*）

精神虐待是一種不折不扣的心理謀殺。作者以受害者研究的觀點談精神虐待，分析這種惡性關係的特徵，幫助受害者認識、防範和採取有效的方法來應對。這是一種比你所以為還要普遍的暴力形式。我們都有可能在伴侶關係、家庭或工作中遭遇這樣的問題。

——法國《商業文摘》（*Business Digest*）

已有百萬讀者在這本暢銷書中看到施虐者特徵經過分析後的合成肖像。讓大眾了解精神虐待如何表現在我們的日常生活中，伊里戈揚有相當卓著的貢獻。

——法國《新觀察者》（*Le Nouvel Observateur*）

伊里戈揚挑起人們心中的不安。讀者在這本書裡認出了自己。

根據調查，法國曾有一百九十萬以上的（上班族）勞工遭遇過這類的精神騷擾，作者伊里戈揚這本書讓我們得以了解他們所經歷的處境。

——法國《圖書週刊》（*Livres Hebdo*）

——瑞士《週刊》（*L'Hebdo*）

本書幫助讀者清楚且完整認識到，帶著不同面具的冷暴力是施以怎樣的手法去傷害他人。也讓周遭原本對此過程無法想像、難以理解的人，正視問題的嚴重性。

——德國《慕尼黑水星報》（*Münchner Merkur*）

勇敢且前衛！

——德國《每日鏡報》（*Der Tagesspiegel*）

CONTENTS 目錄

〈專文推薦〉

真正的強，隱藏在溫柔之中

呂秋遠

有個國中同學現在正在澎湖開一家小書店。從小，她大概就是班上的文藝少女，雖然我不知道，二十六年後，她會歷經了這麼多的故事，從基隆，一路到莿桐，甚或是現在的澎湖，她一直都知道自己在過什麼樣的生活。

臉書很神奇的讓我們重新又聚首，而她在今天轉貼了我的一篇文章，標註我是她的國中同學。我一時興起，就在她的臉書上回應，「我國中時有暗戀妳唷！」這時候，濃厚的八卦味就此飄散，國中誰喜歡誰、討厭誰，二十六年前這些熟悉又陌生的人名，就這麼在私訊中流轉。

突然她在留言串中，寫下這麼一段文字：「其實我們小時候很壞，聯合起來排擠幾個同學，呂律是其中之一，可以算是霸凌了，現在他還願意跟我們有聯繫，算是不計前嫌啊！」

我看到這一小段文字，頓時愣住了。二十六年前，確實如果以現在的標準來說，應該是種同學間的「冷暴力」，或是稱之為霸凌。怎麼說呢？在國中時期，我除了國文很好以外，大概沒有太多東西值得與同學評比。家境不好、成績一般、體育很差、身材肥胖，也就是國中女生不會喜歡的「那種」男生。那種是哪種？我也不知道，總之當時被排擠，其實我一點也不意外。

加上我當時的行為偏差。容我引用當年我形容跟父親之間關係時，所寫的故事片段：「父親對我的狀況很失望。他沒打過我，但是拿成績單回家的時候，他那股冷峻的眼神直帶殺氣，就會讓我心頭千斤重。卡夫卡大概跟我有一樣的感覺，當他決定要當保險員而不念法律之時，他父親不發一語，只是用不屑的眼神看著他，讓他不寒而慄。

所以，我只好作弊。

我作弊的方式很特別，有智慧型犯罪的味道。我不做小抄，也不翻書。我總是規規矩矩的考完試，發成績單之後，把第五名的格子跟我是第十五名的格子用刀片割下來互調，拿這張新的成績單影印後回家交差。不過，還是被老師發現。我被狠狠的打了一頓，老師還威脅我要把我調離這個班。」

何止要把我調離這個班級？坦白說，當年的同儕壓力，才是真正的可怕。對同學來說，我的品行不好、成績不好、家境不好、體能不好，不欺負這個人都不好意思了。

霸凌，最可怕的不是毆打，而是有意的排擠與忽視。同學看你就像是瘟神，避之唯恐不及。當中印象最深刻的事情，大概就是當大家在寫畢業紀念冊時，一個自己以為最親密的朋友，在別人的卡片上寫著，「呂秋遠其實是我最討厭的人。」無意中看到這張卡片以後，我只能沉默，這是我第一次知道臉上火辣的恥辱感是什麼。

那又如何呢？三年畢業後，考上建國中學，接著進入政治大學、台灣大學，拿到博士，當了律師。僥倖成名以後，偶爾作夢還會想起國中時不同的老師對我的羞辱、眾多的同學對我的排擠，有時候我會問我自己，我還會在意嗎？

我當然在意啊！那是我最悲慘的少年時光，沒人愛我，成就感低落。如果往後的日子裡一不小心失足，我可能就會墜入萬丈深淵，永不見天日。我之所以還能在這裡笑著寫文章，是因為現在我是社會中的所謂「優勢者」。但是，如果我不是，我還能夠在這裡談笑風生的論過去嗎？說不定我會找三百個理由，辯解我自己，為什麼我在國中被霸凌以後，就一蹶不振。

我需要在意嗎？不用啊！因為我活下來了。後來我開始感謝過去那一段經驗，如果不是如此，我永遠沒辦法體會，弱勢者在面臨孤立無援時，會有多難過。我會捨不得看到別人掉眼淚，因為我曾經如此倉皇失措的找不到方向，以為自己沒有資格活在這個世界上。我不是生來就是強者，而是慢慢的知道，真正的強悍，是隱藏在溫柔之中的。

我不是天才，我是凡人，非常平凡的孩子。我會犯錯、會白目，我的看法不會總是對的，我也不會想強求別人跟我一樣。但是我知道，透過不斷的修正，人就會更好。我做過的荒唐事，不會比別人少一件，只是運氣好，讓我有機會一直站起來而已。如此一來，我還需要記得什麼？我還能夠自在的呼吸、心跳，還能夠利用自己的天賦幫助別人，不就已經是上天給我的回報，我還去記得那些陳年舊事做什麼？

所以我學著感謝那些曾經對我丟過石頭的人，因為如果不是如此，湖面上不會泛起美麗的漣漪。

如果有機會回到過去，我想跟十五歲的我說，「辛苦你了。但是，四十一歲的我，即使在這二十六年來跌跌撞撞，也一直努力的活下來，讓自己更好。所以，我可以自豪的說，我沒有對不起十五歲的你。」

無論你現在幾歲，你，想對十五歲的自己說些什麼？

很高興有機會推薦這位法國作家的作品，《冷暴力：揭開日常生活中精神虐待的真相》。如果希望可以進一步理解冷暴力與霸凌，這是一本極為容易入門的書籍。本書雖然學術的氣味較為濃厚，所舉的例子或許與台灣本土的情形也有所不同，然而從人性的角度來看，精神暴力的加諸與受害，大概都是相同的，希望讀者可以藉由這本精準描述「冷暴力」的書籍，讓自己遠離霸凌，也不再霸凌他人。

（本文作者為律師）

〈專文推薦〉

精神虐待是新的大罪！

南方朔

一九六〇年代的歐美青年及民權運動，乃是近代規模最大，而知識反省也最深的運動。它的目標就是要替一個人人平等、每個人的尊嚴都得以實現的理想社會催生。今天人們琅琅上口的許多概念，例如「身體政治學」（body politics）、「自卑情結」（inferiority complex），以及「激進精神治療學派」（radical psychiatry）等，都出自那個時代。

所謂的「身體政治學」，指的是人的肉體身心靈，都是被多種個人及集體權力意志所穿透，因此人的身體乃是所有邪惡力量交會的大戰場。身體除了會遭受到殘酷的物理暴力以及意識型態的社會暴力，還有人們意識及潛意識的心靈暴力，因而一九六〇年代對於各種邪惡的研究遂逐漸增多。人們也發現，邪惡其實是一種文化，一種習慣。

至於「自卑情結」，乃是人們研究「受害者學」後的發現。加害者都有一種傾向，他們為了合理化自己的加害，都會反向的倒果為因，讓被害者覺得自己是下等的族類，他們的被害是罪有應得。使他們自我卑賤化，乃是一種社會機制，也是個人行為的反動機制。這種被害者的自我卑賤化，也是無所不在的現象。每個個人在心靈深處，都有自主自尊之核，它是主體性的起源，人們要求獲得尊重和得有自尊，就是「自尊之核」的作用，但有許多加害者，就是企圖使這個「自尊之核」被消滅。

而所謂的「激進精神治療學派」，就是那個時代同步興起的心理分析學和精神治療學。這個學派特別關心人們心靈秩序的形成和扭曲，以及扭曲的動態機制。只有人們了解了這些問題，才可能形成心靈的自覺。一九六〇年代，美國民權運動基本上是一種心靈的自啟蒙自覺醒運動。

不過，人類的平等及反暴力反迫害反歧視卻是個永遠不能停歇的運動。一九六〇年代的青年運動和民權運動，雖然使得美國在名目上有了性別和膚色在法律地位上的平等，女性公民的職業權有了法律明文保障，黑人的基本權利也有保障。但這種名目上的平等保障是一回事，但實質的平等又是另一回事。從一九六〇年代迄今已過了半個多世紀，但美國種族的硬暴力和軟暴力卻有增無減，各種精神性的暴力事件也非常氾濫。

就以種族問題而論，美國雖然號稱種族平等，甚至也出了黑人總統，但美國的種族問題是走在退化的道路上，例如：

——種族的身體暴力，更加氾濫。美國雖然在體制上宣稱種族平等，但在執行上卻是習慣性、文化上的硬暴力更加盛行，警察動輒對黑人青少年開槍。從二〇一三年起，黑人青年及青少年被警察槍擊致死的事件不斷，而且發生全國性的不滿示威。除了這種假治安之名而殺人的事件外，美國每十萬人即有七百多人被關在牢裡，相當於一百多人就有一人在監獄中。尤其是黑人，大約每八到九人就有一人在獄中。黑人男女只要反擊就會被暴力相向，或者被殺，或者下獄。

——除了這種硬暴力外，對黑人的軟暴力更是無所不在。美國白人幾乎都會用異色眼光和異常的行為，歧視性的對待黑人。這種歧視多數是社會建構出來的習慣，它成了意識型態和一種價值心靈，黑人就是比較差，就是有問題。就以美國總統歐巴馬的妻子蜜雪兒為例，她是哈佛博士，算是人生勝利族，但最近她到阿拉巴馬州一所黑人居多的塔斯基吉大學演講，她也公開表示，「在美國當黑人很苦，」她說：「我和歐巴馬都深知黑人受歧視的挫敗感。我們一輩子都能感受到這種螫刺感，無論是過馬路時擔心人身安全，在百貨公司被當賊盯，或在正式場合被誤認為服務員。」她向黑人學生表示，「儘管黑人被歧視，但不能因此而放棄，若屈服於絕望與憤怒，這只會代表我們最後將輸了。」蜜雪兒貴為第一夫人，都有這樣的感觸，那麼更多人生並不勝利的黑人，它們的痛苦和憤怒又是如何？蜜雪兒所說的，乃是歧視、騷擾、語言及行為上的霸凌等軟性暴力。

近代的社會史學者已經發現，人的邪惡是一種本質，它構成了人性的黑暗面、社會及歷史的黑暗面。在發展初期，奴隸制的壓迫和殺害，以及殺戮、戰爭、各種公開的罪行，可以說古代是硬暴力猖獗的時代。但到了近代，人權法治興起，針對身體的各種硬暴力逐漸減少，體制所建構的合理擴大，但人類的邪惡本質並未因此而減少，卻是往文化、社會習慣、意識型態，甚至心理面轉移，在硬暴力尚未根絕之時，軟暴力已大幅成長。諸如美國對黑人的警察暴力、歐洲殘存的反猶暴力，以及在世界各地普遍出現的性別暴力等，都是硬暴力的殘餘，它是物理性的傷害。

但軟暴力則不然。軟暴力沒有動刀動槍和拳頭相向，看起來斯文多了，它卻是換了另外的工具對人造成傷害，包括精神歧視、精神羞辱和虐待等。它透過語言和動作，對人的心靈進行凌遲，使人徬徨無援，最後甚至可能自我懷疑、自我否定或自棄。這種傷害是一種殺人不用刀的模式，它的殘忍程度和硬暴力是在伯仲之間。而這種軟暴力乃是一種很難對付的暴力，硬暴力是一種可見的暴力，而且經常有公共性，是一種公共暴力，它可以靠著各種公共手段而制止。但至於軟暴力，多數是一種私人暴力，它發生在私人行為裡，甚至在私人行為的親密空間，可見度極低，許多人受到歧視傷害，也是有怨無處訴，而且也未必能公開，是一種受害者只得苦水往肚裡吞的受傷經驗。可能的後果是愈吞愈苦，最後是自隔孤立。軟性的精神暴力，是一種更加細緻的暴力，因此它所傷害到的，乃是人們心靈的更深之處。近代的各種有關廣義人類學的研究，日益向心理研究發展，也日益強調人際新的和諧及親密關係，不是沒有原因的。所以人們遂說，當今的世紀是個心理世紀。

在各種精神虐待，甚至霸凌日益增多的這個時刻，人們對這種加害被害的心理機制和社會機制，的確已迫切需要加以理解，並應對受害者展現同理心，使他們走出絕望得以療癒，在社會及法律上也應伸出援手。而就在此刻，我們看到了法國精神科醫師瑪麗法蘭絲•伊里戈揚所著的《冷暴力》，這是部深入淺出，例證翔實，涵蓋層面寬廣的全方位著作。精神虐待乃是種冷峻殘忍的虐他行為。它可能起源於惡意，無明顯惡意的惡習，也可能是人際權力關係的濫用和誤用，它顯露在機關、職場、家庭，甚至人我關係裡，就是有人在貶抑別人，羞辱別人，使人不舒服，體會到惡意，進而懷疑自己是不是有什麼不對勁或沒有價值。精神虐待是受害者從心靈底處就被否定的一種傷害行為，它是不帶血的謀殺。

本書對於許多傷害的例證，記錄得很具體，看了這些例子，都使人為之慘惻，並有很深的恐怖之感。古代之罪，以身體的物理傷害為主，到了現代，罪轉移到心理的傷害。針對這種罪惡，我們應該感謝本書的告知、提點和所作的許多建議！

（本文作者為評論家）

〈專文推薦〉

聽見嘆息，更看見希望

許皓宜

肢體的暴力打在身上，會留下內心的創傷。那語言的漠視與欺凌呢？

若非親身經歷，你可能很難想像這種精神上的「冷暴力」特別容易發生在親密伴侶與家庭關係中，它具有一種令人難以置信的誘惑力，讓人在尖銳刻薄的語言中，還癡癡等待暴力者「施與小慧」的時刻來臨。

除非你有所覺察，你不會知道自己正面臨這樣的處境，也不會發現自己其實有能力解決；你以為自己離不開這個人，其實是你被剝奪了相信自己的能力。

瑪麗法蘭絲・伊里戈揚為我們揭開了這種暴力背後的真相，你可能會以為使用精神暴力的人有多麼可惡，但當你進入這本書的描述，才理解一切都是缺乏「愛」的後遺症。

這是每個人都該理解的議題。在《冷暴力：揭開日常生活中精神虐待的真相》閱讀中，我感受到生活在精神暴力中的嘆息，卻也讀到如何創造愛與關係的希望。

（本文作者為諮商心理師）

〈推薦文〉

冷暴力其實應該是熱議題

楊明磊

冷暴力在專業上更常被稱為霸凌（bully），在國內法律上稱為「不法侵害」，包括肢體暴力（如：毆打、抓傷、拳打、腳踢等）、心理暴力（如：威脅、欺凌、騷擾、辱罵等）、言語暴力（如：霸凌、恐嚇、干擾、歧視等）與性騷擾（如：不當的性暗示與行為等）四大類。

本書書名「冷暴力」很清楚地將書中特殊虐待議題的重心點出來，相對於大家熟知的暴力，冷暴力的特點就在其表面看來的「冷」：沒有明顯的肢體傷害、沒有強烈的言詞衝突、沒有高聲軒昂的怒吼叫囂，一切的暴力過程都是在隱微、模糊、缺乏明確證據、判定上模稜兩可、無法立即看見傷害感受痕跡的細微冷慢過程中發生，但其結果卻如同真實暴力一般殘忍、惡劣、令人受傷，加害者之可惡狠毒，受害者之脆弱與難以康復，甚至往往比明顯暴力更為嚴重。

國內較正式關心這類冷暴力現象始自多年前屏東某國小學童葉小弟疑似因遭同學排斥欺負致死，近年桃園八德國中校園暴力事件，以及網路霸凌事件日漸增加，也逐漸引起國人重視。而職場霸凌更是在職安法通過後，正式將維護員工身心健康與防治不法侵害列入法條，引起企業界關注。

二〇一四年七月施行之職業安全衛生法規定，雇主對執行職務因他人行為遭受身體或精神不法侵害之預防應妥為規劃及採取必要之安全衛生措施，而工作者可對雇主未針對職場暴力訂定相關預防及處置措施，可向雇主、主管機關或勞動檢查機構申訴。雇主如經主管機關或勞動檢查機構調查發現未針對職場暴力訂定相關預防及處置措施，經通知限期改善屆期仍未改善，可依法處新臺幣三萬元以上十五萬元以下罰鍰。若致工作者發生職業病，可直接依該法第四十三條處新臺幣三萬元以上三十萬元以下罰鍰。

國外資料顯示，冷暴力或職場霸凌絕不僅是個別員工問題，而是對整個組織都造成實質傷害，例如英國超過兩百萬人自認曾遭到職場霸凌，其中四分之一在最近五年內曾被霸凌，英國一年因為職場霸凌而直接損失的工作天達一千八百萬天，是因勞資糾紛所損失的工作天數的三十倍。職場員工的壓力與疾病中，有三分之一到二分之一的比例與職場霸凌現象有關，英國政府總預算的百分之三．六要用來支付員工的各種壓力相關疾病，英國職場員工的壓力相關疾病成本超過十二兆英鎊。

美國超過百分之四十九（約七千一百萬）的美國勞工曾受到職場霸凌的影響，其中男性霸凌者的霸凌對象不分男女，女性霸凌者的霸凌對象則以女性為主，百分之四十的霸凌者為女性，百分之三十的霸凌現象發生於女性與女性之間，男女性霸凌者在霸凌策略及語言霸凌的形式無差異，但女性更容易採用孤立被霸凌者的方式對待其他女性。丹麥工廠藍領勞工，遭霸凌的員工其壓力相關症狀高於未遭霸凌者，同時遭霸凌員工對工作環境的印象較未遭霸凌者更負面。百分之八十二的餐飲人員曾目睹或親身遭遇來自客人的語言霸凌；市調中心電訪人員平均每天遇到七通帶有敵意語言的民眾。

國內統計，不同行業發生職場霸凌比例前幾名如下：礦業及土石採取業百分之十六最高，醫療保健及社會工作服務業百分之十二．四，藝術娛樂及休閒服務業百分之十二．四，支援服務業百分之十一．八，公共行政及國防強制性社會安全百分之十一．八。勞動部勞工安全衛生研究所二〇一〇的調查發現，男性除遭受肢體暴力的比例高於女性，其餘言語暴力、心理暴力及性騷擾，都是女性受害者較多。

本書在此種現象下，將注意力集中於冷暴力的加害者與被害者的心理狀態與互動過程的分析，除了職場的冷暴力外，更著重於配偶間與親子間的冷暴力發展歷程，清楚描述出加害者如何日漸狠毒，而受害者如何逐漸失去抵抗力，更說明加害者如何善用其心理操弄技巧，藉由巧妙言詞與個人魅力偽裝成受害者來操弄周遭人們的觀點，進而強化對真正受害者的傷害。

特別值得提醒讀者的是，本書與坊間一般充滿溫情感動的心理科普書籍，或誇大描述心理病態者殘忍心境的心理驚悚小說不同之處在於，作者以冷靜認真且誠懇地筆觸向讀者描述出，雖然可惡之人必有可憐之處，但冷暴力加害者的可憐之處絕不足以平衡其可惡之處，加害者的可惡、殘忍與無情的深層心理病態，固然有其童年慘痛傷害遭遇的原因，卻絕非受害者靠關懷、接納或誠心溝通即可化解，反倒是受害者試圖以個人之力調解與加害者關係的舉動，更可能讓冷暴力的傷害加劇。以及作為受害者，有時甚至不知自己早已成為受害者，且拒絕承認自己是受害者往往會更強化受害的創傷深度，同時受害者想要自行修復受創心理的努力往往會讓自己陷入更深的痛苦，因而尋求協助，尤其尋求專業心理工作者協助，才是走向真正康復之路的必要選擇。

這個結論看來有點令人心寒與無奈，卻是作者以執業多年的精神分析師與家庭治療師身分，真正語重心長的苦口婆心，也是本人從事心理諮商與職場心理健康工作三十年後，特別深有所感的地方。冷暴力的加害與受害歷程往往極為細膩、微妙、詭譎，充滿心理陷阱，國內的心理諮商專業水平雖高，但對冷暴力的專業討論卻相對稀少，如果沒有深入研究思考過此類議題的心理工作者往往都不一定有能力完善處理。而本書在最後幾章對幫助受害者走出傷痛的心理康復歷程與要領描述，真是篇幅不多卻字字珠璣，這些內容實際上不足以作為受害者自救手冊，卻算是指出一個有效且重要的出路，更是對專業心理工作者的極佳指引，尤其是正在或曾經協助過冷暴力受害者的專業工作者而言，更值得細細體會每個文字背後代表的深層意義。

（本文作者為淡江大學教育心理與諮商研究所副教授，三十年實務經驗諮商心理師與督導，勞動部EAP入廠輔導顧問，國際員工協助專業協會台灣分會〔TEAPA〕職場不法侵害講師）

導言

心機深的遣詞用字，
不必弄髒自己的手，
也能殺人辱人。
羞辱地位相當的人，
乃人生一大樂事。

——法國幽默大師皮耶·德普洛治（Pierre Desproges）

我到底做錯了什麼，該當受此懲罰？

人生有些際遇令人振奮，激勵我們付出最大努力；也有些令人震撼，甚至會摧毀一切。透過精神虐待，一個人真的有可能毀掉另一個人，稱為「精神謀殺」也不為過。相信每個人都曾見過某種形式的精神虐待行為，就發生在男女、夫妻、家人之間，以及職場、社交或政治活動中。面對這種間接形式的暴力，我們的社會往往視而不見，常以包容為藉口，對其罪行默不吭聲。

精神虐待的禍害，很適於做為電影或驚悚小說的主題，如一九五四年法國導演亨利喬治・克魯索（Henri Georges Clouzot）所拍攝的《惡魔》（*Les Diaboliques*）一片，便引發廣大迴響。社會大眾很清楚電影與小說中的虐待屬於人為操縱，可是一回到現實的日常生活，我們卻三緘其口，不願多談。

法國導演艾汀・夏帝耶（Etienne Chatiliez）執導過一部電影《丹妮艾兒姑婆》（*Tatie Danièle*，一九九〇），描述一個老婦人如何精神折磨著周遭的人，讓觀眾感到饒富興味。她先是把家中年邁的女管家惡整到「意外」死亡。觀眾會心想：「那是女管家自找的，誰叫她那樣過於順從！」接著丹妮艾兒姑婆把壞心眼轉向接她去住的姪孫一家。姪孫和姪孫媳竭盡所能取悅她，沒想到他們愈是巴結，姑婆愈是虐待他們。

丹妮艾兒姑婆使出施虐者慣用的伎倆，講起話來指桑罵槐、含沙射影，還經常說謊欺騙，以言語羞辱他人，讓人無所適從。令人訝異的是，受害者對於這種操弄渾然不覺，他們努力想要了解姑婆的行為，甚至懷疑一切都是自己的錯，「我們到底做了什麼，讓她這樣厭惡我們？」丹妮艾兒姑婆不會亂發脾氣，她的態度雖然冷漠、刻薄，倒也不會激起周遭的人與她對抗，她只是三不五時耍些小手段，讓人困惑不安，但也別想抓到什麼把柄。她的段數很高，輕而易舉就能顛倒情勢，並以受害者的姿態出現，令她的家人成為加害者：是兒孫輩遺棄了八十二歲的老人家，把她孤零零的丟在公寓裡，只能靠狗食維生。

在這部幽默的電影中，受害者的反應並不激烈，現實生活中很可能也是如此；受害者希望自己的善意能夠軟化施虐者，但事與願違，太多善意反而變成令人難以忍受的挑釁。最後，唯一獲得丹妮艾兒姑婆青睞的是新來的女管家，她與姑婆棋逢敵手，只有女管家才制得住她。一段近乎和諧的關係於焉展開。

若說這位老人家逗樂並觸動我們某種情緒，那是因為我們覺得她吃過很多苦頭，所以才那麼壞心。我們像她的親人一樣同情她，而她也像操弄親人一般把我們耍得團團轉。電影中可憐的受害者好像笨的可以，完全不值得同情。丹妮艾兒姑婆的行徑愈過分，姪孫夫婦就對她愈客氣，而觀眾和丹妮艾兒都覺得他倆真是叫人受不了。

這都無損於事實，丹妮艾兒姑婆的所作所為屬於惡意攻擊。這種攻擊來自於不自覺的破壞心理，可以是一個人或好幾個人，針對特定對象懷有隱匿或明顯的敵意；不論如何解讀，其對象都是具體真實的目標。透過看似無害的字眼、指涉、推論，以及非語言的暗示，確實有可能讓一個人惴惴不安甚至崩潰，而周遭的知情者通常不會過問。施虐者犧牲受害者來壯大自己，並把出問題的責任推給對方，以避開自我內心或精神上的衝突。如果責任在對方，是他人的問題，自我就不會覺得不對、內疚或痛苦。這是精神虐待的特徵。

每個人都有可能出現這種不當的行為，但是唯有長期且不斷重複發生，才具有破壞力。任何「精神正常」的人在某些時候，例如生氣、憤怒時，不免會有虐待行為，但同樣也會出現其他的行為模式（歇斯底里、恐懼、陷溺其中……），事後還會相當驚訝並質疑自己的行為反常。施虐者卻是一貫以邪惡的方式虐待別人；他固著於這種特定形式的關係，不容許有絲毫動搖。即使他虐人的本性一時不被察覺，終究會在脫不了干係的情境中顯現出來。然而，他絕無可能自我懷疑。這種人為滿足自身對獲得欽慕和肯定的無盡需求，一定要以貶抑他人的方式來維護自尊，繼而握有權力。由於他們不在乎與他人的關係，也就不會有同理心，也不懂得尊重別人。尊重的意思是，重視他人身為人的價值，並知道我們可能帶給別人的痛苦。

反常的虐待心理令人好奇、著迷，也讓人感到恐懼。我們想像施虐者天賦異稟，總能扮演贏家的角色，因此有時不免心生羨慕。他們確實懂得自如的操弄人心，在商業或政治領域中占上風。但我們也有所畏懼，因為直覺告訴我們，和他們站在同一陣線會比對抗他們來得吃香。世上最令人羨慕的就是那些享樂人間、鮮少有痛苦的人。我們不會認真看待顯得軟弱無能的受害者，而且在尊重他人自由的偽善氛圍中，對於可能導致嚴重後果的情況視若無睹。事實上，這種容忍使得我們不會去干涉別人的行為和意見，即使那看來太超過或是道德上有可議之處，我們也不明所以的縱容握有權力者的謊言和「羅織」。為達目的可以不擇手段，但到什麼地步是可接受的底線？會不會因失去原則和界限而有助紂為虐的風險？對此我們漠不關心。真正的容忍是以明確的界限為先決條件，也需要檢視及衡量其價值觀。精神虐待卻是在另一個人的精神領域設下陷阱，並因當前社會、文化環境的姑息，而能夠得寸進尺。今天這個時代拒絕建立絕對的行為規範。一旦判定某種操弄的行為是虐待，就會設定限制，可是社會認為判定虐待就等同於「審查」。我們已放棄道德與宗教約束，過去，這些約束構成禮儀的準則讓我們可以說：「不得如此！」如今，我們只在隱情曝光，經媒體渲染擴大後，才會義憤填膺。公共權力不再遵循一定的行為框架進行規範或處置，反而推卸責任，要原該由它們去引導或支援的人自負責任。

連精神科醫師都對使用「虐待」一詞有所遲疑；即使用了，也只在表達他無力介入，或對施虐者的手法感興趣。精神虐待的定義本身便受到某些人的質疑，他們寧可使用泛指一切的「精神病態」（psychopathy），把所有他們治不了的病都歸在其下。精神疾病不會導致虐待，虐待源於不帶感情的理性，再加上無法把他人當作人來尊重。某些施虐者的罪行會受到評斷與法律的制裁，可是大多數施虐者利用魅惑力和適應力，在社會上找到出路，並留下一堆受傷的靈魂和痛苦的生命。不分醫界、法界和教育界人士，我們都曾被施虐者所愚弄，他們裝作是受害者而過關。他們假裝符合我們的預期，使我們更好騙，讓他們有違常理的感受獲得肯定。之後當他們為追求權力露出真面目時，我們會感覺遭到背叛及羞辱。某些專業人士不願揭發施虐者的原因即在此。精神科醫師們相互告誡：「小心，此人是個惡性的虐待狂！」言下之意：「此案可能有危險」，以及：「你我無用武之地」。然後放棄協助被害人。診斷一個人惡性重大，當然是很嚴重的事，通常僅限於連精神科醫師都難以想像的極度殘酷行為，如連續殺人魔的罪行。不管是討論連續殺人或惡性虐待，重點都在於其行為的掠奪性：奪取他人性命。「惡性」一詞令人震驚而不安，它相當於一種價值判斷，精神分析師拒絕做出這種判斷。然而，這是坐視虐待行為不管的充分理由嗎？不判定虐待行為只會造成更嚴重的疏失，因為被害人等於被棄之不顧，對虐待攻擊將毫無招架之力。

以我在心理治療的執業經驗，我聽過許多病人受虐卻無力自保的案例。在後面會提到，加害者會先使受害者失去行動能力，以防止任何可能的反擊。缺乏防衛機制讓受害者無法理解自己面對的是什麼狀況。為協助受害者和潛在的受害者，勿落入施虐者的精神圈套，我也要在本書中分析，連結攻擊者與其獵物的虐待關係是如何形成的。

受虐者尋求協助時往往不得要領。精神分析師常常會建議他們，針對所遭受的虐待攻擊，評估自己該負哪些自覺或不自覺的責任。精神分析通常只考慮內在精神狀態，即個人腦海裡發生的事，不會去評估外在環境的影響。因此精神分析把被害人視為受虐行為的共犯，不把他的困境當一回事。又由於前面提到的，專業人士吝於指明加害者與受害者，分析師甚至可能加重受害者的崩潰過程。在我看來，正統療法不足以協助受虐者。我在本書中會推薦更合宜的方法，特別是針對精神攻擊和虐待的案例。

我的用意不是把精神虐待者送上法庭（他們往往太懂得替自己辯護），而是要大家記得他們可能造成的傷害與危險；記住這些事實，可以幫助現在和未來的受害者保護自己。即便這種形式的攻擊，很合理的被視為（對抗精神異常或憂鬱症的）防禦機制，也不能免除精神虐待者的罪責。有些看似無害的操縱技巧，會留下遭人愚弄而感到痛苦或羞憤的後遺症；有些更嚴重的操弄會影響受害者的核心人格，導致生死攸關的結果。精神虐待者直接危害的是受虐者，間接則造成周遭的人罔顧道德的標竿，以為一切沒什麼大不了，甚至相信犧牲他人的任意妄為才是常態。

身為受害者學（victimology）的研究者，我並不會在本書中討論有關虐待本質的理論，而是堅定的站在遭到虐待的被害者這一邊。受害者學是晚近才成為心理學的一支，它原本屬於犯罪學。它解析受害的原因、過程、後果，以及受害者的權利。協助受害者的專業人士，如受過急診訓練的醫師、精神科醫師、心理治療師和律師，很值得考慮去取得受害者學的學位。

曾經歷如精神虐待等精神攻擊的人，是千真萬確的被害者，因為其心理狀態已多多少少被永久改變了。就算被害者對精神虐待的反應，助長了與加害者持續不斷、甚至表面上看似對等的關係，我們也不可或忘，被害者是受制於自己無法負責的狀況。當這種為害於無形的暴力受害者，去看精神科醫師時，通常是為了治療跟自身有關的問題，如精神壓抑、缺乏自信或決斷的能力；也可能是藥物治療無效的長期抑鬱，或是可能導致自殺的嚴重憂鬱症。這類病人有時會抱怨「伴侶」或周遭的人，但是他們似乎不清楚，有股可怕的隱蔽暴力正威脅著自己。這種精神混淆的狀態，可能造成連精神科醫師都看不出客觀存在的暴力問題。類似情況有一個難以言說的共同元素：即被害人雖然知道自己很痛苦，卻實在想像不出到底遭受過什麼暴力與虐待。有時他們也很疑惑：「是不是像別人所說的，是我自己想太多？」即使他們膽敢抱怨自身遭遇，也覺得無法說清楚，於是認定會被人誤解。

我刻意選用「惡性虐待者」和「受害者」等詞，即因為這類案例是隱而不現卻貨真價實的暴力。

第一部　解析日常生活中的精神虐待

第一章 見於私人生活的精神虐待

不起眼的精神虐待行為在日常生活中司空見慣，反而像是正常現象。這種過程始於不尊重、說謊或單純的操弄。我們只有在身受其害時才發現難以忍受。當有這種行為發生的社群未能加以回應，精神虐待的行徑就會進展到下一階段：出現明顯的虐待舉動，對被害人的心理健康造成嚴重後果。被害人不確定能否獲得他人理解，只得悶不吭聲默默承受。

這種道德迫害向來存在，發生在家庭裡，通常不為人知；發生在職場上，如果是充分就業期間，大家會睜一隻眼閉一隻眼，畢竟受害者隨時可以辭職。若是在高失業率時期，受害者只想保住工作，因而身心健康俱受傷害。有人曾反擊和對簿公堂，如今隨著此一現象廣為人知，社會已開始提出質疑。

心理治療人員經常目睹活生生的案例，都是外在現實與心理現實的界線模糊不清。這些個案所受的苦有一共通點：每個人自認為獨一無二的經驗，事實上與很多其他人雷同。

臨床判定的難處在於，如何衡量案主的每個字詞、語調和說法的重要程度。種種細節分開來看似乎無妨，加總起來卻形成一種毀滅式過程。被害人在這致命的遊戲中一路挨打，有時自己也會訴諸虐待式行為，因為這種防禦術任何人都可以使用。但這麼做可能導致被害人被誤指為施虐者的共犯。

在我執業的歷程中，曾看過同一施虐者在生活的各層面，包括職場、婚姻與親子關係中，不斷複製破壞行為。我想要強調的正是這種行為的延伸性。有些人的人生道路上，充滿著他所造成的傷痕，或被他傷到無法復原的人。這無礙於他得以騙過大多數人，表面上完全維持著正人君子的形象。

夫妻間的精神虐待

夫妻間的精神虐待常被大事化小為單純的宰制問題，而遭到否定或輕忽。精神分析簡化這種現象的方式是把伴侶當做共犯，甚至要伴侶為受虐關係負責。這等於否定了宰制關係中的掌控空間，而它足以導致受害人無力反擊、無法自保；也否定了精神虐待中存在著暴力，並會造成深遠的心理傷害。精神虐待手法十分細膩，不著痕跡，目睹者易於解讀為兩人之間單純的衝突或「打情罵俏」，實際上那是企圖在精神上甚至肉體上毀掉另一個人，而這種暴力的企圖有時會得逞。

以下講述幾對處於精神虐待不同演變階段的夫婦。每個案例的歷史長短不一，原因在於精神虐待會經歷數月甚至數年的醞釀，隨著虐待關係的演變，受害人先是學著記下受虐的過程，再來是學習如何自我防衛以及蒐證。

掌控欲

當發現「所愛的人」不符期待，或彼此的關係太過依賴，精神虐待的衝動便會升起。最親密的另一半受虐會最嚴重，因為太過親密可能使施虐者感到恐懼。自戀者掌控伴侶是為了壓抑對方，同時也害怕伴侶太靠近自己並將他編收。為維持對伴侶全盤掌控，一定得把對方鎖在依賴或獨占的關係裡。這讓身陷疑惑和內疚的伴侶無法反抗。

施虐者不言而喻的訊息是：「我不愛你」，卻始終不明說，免得伴侶求去，但又以間接的方式透漏。伴侶必須安分，且不斷因期待落空而遭受打擊；施虐者也會防止伴侶有自己的想法，以免察覺到自己受虐。美國犯罪小說家、《天才雷普利》（*The Talented Mr. Ripley*）的作者派翠西亞．海史密斯（Patricia Highsmith）在接受法國媒體訪問時曾這麼說：「有時最吸引我們或是我們最愛的人，能夠激發想像力的程度，不亞於橡膠製的絕緣體。」

自戀的施虐者令伴侶處於陰晴不定、無所適從的情境中，藉以施展掌控力，讓伴侶動彈不得。把伴侶圈在固定的範圍內並保持安全距離，可避免被自己害怕的關係給綁住。他藉著壓抑和制服伴侶，迫使對方屈從於「他人的收編」，那正是他自己最恐懼且不計一切代價要迴避的。在正常相處的情侶之間，即便有掌控的元素存在，也應該是能帶給彼此自戀的強化作用。有些案例是一方企圖壓迫另一方，藉以鞏固自己的宰制地位。然而以自戀的施虐者為主導的情侶或夫婦，其關係可能會致命，因為毀謗、暗中傷人是例行而有系統的進行。

精神虐待的關係中必須要有過於忍讓的伴侶才能發展下去。精神分析師常將這種忍讓解讀為伴侶可由這種關係中獲得某些好處，而那基本上是一種不自覺的自作自受。後面的章節會討論到，這只是部分的解讀，因為大多數案例的受虐者，過去都沒有自我懲罰的傾向，之後也不曾出現。這種不完整的分析是很危險的，它會加深忍讓一方的罪惡感，完全無助於尋找出路，逃脫受束縛的環境。

過度忍讓的源頭多半出於對家庭的忠誠感，也包括重蹈父母的經驗，或是接受配合對方自戀的犧牲角色等等。

班傑明和安妮相識於兩年前。當時安妮與已婚男子的婚外情令她倍感挫折。班傑明妒忌那個男人，他愛上安妮，懇求她斬斷外遇情：他想跟她結婚生子。安妮輕鬆的與前任男友分手，她保留自己住的公寓，但基本上是和班傑明同居。

從此開始，班傑明的行為改變了。他顯得有距離而冷漠，唯有想要做愛時才會表現溫柔。安妮要求解釋，班傑明卻否認他的行為有任何改變。安妮不喜歡衝突，便盡量表現得開心。當她心情煩躁時，班傑明似乎無法了解或是沒有反應。

漸漸的她變得沮喪抑鬱。由於兩人關係不見改善，安妮也依舊對班傑明的排拒感到不解，後來他終於承認是有些狀況，他受不了看到她心情鬱悶的樣子。於是安妮決定去看醫生，因為憂鬱症顯然是他倆問題的癥結，她開始接受心理治療。

安妮和班傑明是同行。安妮的經驗豐富得多，班傑明經常請教她的意見，卻不願接受任何批評。「沒有用，我受夠了。我不知道你在說什麼！」有好幾次他借用安妮的構想，卻否認她的經驗對他有助益。他從未對她說過謝謝。

他把安妮注意到的失誤推給祕書。安妮裝作相信他，免得掀起風波。

他把工作行程和生活作息搞得很神祕。她還是無意間從朋友的恭喜中得知班傑明升遷了。他滿口謊言，明明說出差後會搭乘某班火車回來，但是他隨處放置的車票卻顯示另一班車。

在公開場合他表現得像陌生人。某次在雞尾酒會上，他走上前與她握手，只說了聲：「某某公司的某小姐，您好。」然後轉頭就走，留下她一個人。之後她要求解釋這是怎麼一回事時，他含糊的說了什麼太忙之類的話。

儘管安妮自己會賺錢，班傑明卻反對她花錢，也不喜歡她買衣服。他要求她像個小女孩一樣，把鞋子排成一排。他當眾拿她擺在浴室裡的瓶瓶罐罐開玩笑：「我真不懂妳為什麼要在臉上塗那麼多東西！」

安妮自問，對於一個處處評斷她的男人，干涉她的姿勢、言語、花錢習慣，她要怎麼表達愛意？他拒絕討論兩人的關係，還說：「談『關係』太老套。」他不肯跟她訂婚。某一天有個小丑在街上攔住他們，要表演魔術給他們看，並對班傑明說：「這是你老婆，對吧？」班傑明沒回答，只想繼續往前走。安妮認為這代表：「他不願想這件事，所以他答不出來。我不是他的老婆、未婚妻，也不是他的女朋友。這個話題是禁忌，因為太有壓迫感。」每次她想談「他倆的」問題，他都說：「妳真的認為現在是談的好時機？」

其他的話題，像是她想要小孩，也同樣傷感情。當他們看到朋友帶著小孩時，安妮總是盡量不要表現得太熱切，因為那可能使班傑明認為她想要小孩。她的舉止不冷不熱，彷彿生孩子的事不重要。

班傑明想要控制安妮。他希望她經濟獨立，但是要對他百依百順，否則他就折磨她、排斥她。

吃晚餐時她若開口說話，他就擺出不以為然的表情。起初她告訴自己：「我剛才說的話一定很蠢！」後來就日漸自我壓抑。

不過從開始接受心理治療起，她學到不再接受他先入為主的批評，即使這樣會讓關係緊張。

他們之間沒有討論，當她再也受不了時，就像壓垮駱駝背的稻草，他們只會起爭執。此時生氣的只有她一個人。班傑明會面帶驚訝的說：「你又在指責我。當然，在你眼裡，一切都是我的錯。」她試圖解釋：「我不是說你不對，我只是想要談談哪裡出了問題！」他假裝聽不懂，而且總有辦法讓她懷疑和怪罪自己。只要問到他倆之間究竟哪裡不對，就等於在說：「都是你不好。」他不想聽，就立即結束討論，或是不等她開口就先溜走。

安妮表示：「我寧可他說出對我有何不滿。那樣我們至少可以討論。」

漸漸的他們不再談論政治，因為她會為自己的看法辯護，他卻抱怨她不站在他那一邊。他們也不再談起安妮事業上的成就，班傑明受不了處在任何人的陰影下。她清楚意識到，為避免關係繼續惡化，她得放棄自己的意見和獨立人格。這種認知讓她一直努力著，如何能讓日子過得下去。

有時她會反彈並揚言求去。他就含糊其詞的阻止她：「我希望我們繼續在一起……我現在無法給你更多。」她實在太愛他，只要有一點點彼此更親近的跡象，再小都能讓她點燃期待。

安妮明白這種關係並不正常，可是在失去所有參考指標的狀況下，她只覺得有義務保護班傑明，而且不論如何都要為他開脫。她也知道他不會改變，於是抱持「我只有配合、不然就求去」的態度。他們的性生活也好不到哪裡去，因為班傑明不再有做愛的意願。她有時會提出這個話題：

「我們不能這樣繼續下去。」

「可是實情就是這樣，不能要我做愛我就做。」

「那我們該怎麼辦？我又該怎麼辦？」

「並不是樣樣事情都有答案。妳什麼都要管！」

當她上前去給他一個愛的擁抱，他卻舔她的鼻子。如果她不願意，他就指責她一點幽默感也沒有。

是什麼讓安妮還跟他在一起？

假使班傑明是百分之百的壞蛋倒也簡單，可是他曾經是個溫柔的情人。他之所以會像現在這樣，是因為不順心。他可以改變，因此她要改變他。她在等候時機，希望有一天那個結會解開，然後他們就能夠溝通。

她覺得自己要為班傑明的前後不一負責：他受不了看到她抑鬱沮喪；她也對自己魅力不足（有一次他曾在朋友面前，笑說安妮的穿著不性感）、不夠好，不能讓班傑明滿意（他曾暗指她愛計較），感到過意不去。

她告訴自己，跟班傑明在一起，守著不如意的關係，總比孤單一個人好。班傑明曾經對她說：「假如我們分手，我馬上就能再找到對象，可是妳只想一個人，就會一直單身下去。」她相信他說的話。即便她很清楚，她的人緣比班傑明好，卻想像若自己孑然一身，活在悔恨之中，她一定會陷入憂鬱。

她也領悟到，她的父母是為了義務才未分開，他們的婚姻並不美滿。她家一直處於家暴的陰影中，只是家人從不提起，才讓暴力隱而不現。

暴力

傾向以虐待作為防禦機制的人，在危機時刻，若無法負起責任做出艱難抉擇，虐待的暴力便會出現。此時暴力轉為間接，主要是以不尊重對方的形式表現出來。

夢妮卡和路克結婚已三十年。半年前路克有了外遇。他向夢妮卡坦白此事，還說他無法在兩個女人間做抉擇。他不想離婚，又想繼續婚外情。夢妮卡斷然拒絕，丈夫便離她而去。

夢妮卡整個崩潰。她日夜哭泣，不能吃也不能睡。她出現因焦慮而身心失調的症狀：出冷汗、胃痛、心跳過速。她不是氣帶給她痛苦的丈夫，而是氣抓不住丈夫的自己。要是夢妮卡能夠生丈夫的氣，還比較容易自保。可是你必須認定對方很惡劣、暴戾才會生氣，這麼想卻可能使你不想要對方回頭。像夢妮卡這樣處於震驚中的人，否認現實，寧願等待，就算等待意味著受苦，還是容易些。

路克要求夢妮卡定期與他見面，以維持兩人的感情；如果她不答應，他可能從此一刀兩斷。要是她疏遠路克，他就會忘了她。她難過時，路克不想陪著她。他甚至在精神分析師的建議下，提出要夢妮卡與他的外遇見面，「好把話說開來」。

他好像從未考慮到妻子所受的痛苦。他只顧表達他討厭她了無生氣的行為。他怪罪妻子，是她沒辦法與他生活，藉以逃避他對兩人分手的責任。

不肯為婚姻失敗負責，經常是觸發精神虐待的緣由。對婚姻抱持理想化想法的人，與配偶維持著表面正常的關係，直到有一天必須在新舊關係之間做一抉擇。以往的理想主義有多偉大，精神虐待的行為就會有多強。要全面承擔舊關係失敗的責任，是不可能的。當愛意不再時，另一半要負責，因為對方犯了莫須有的罪。雖然行為舉止中早已沒有愛，口頭上卻往往不承認。

受害人一旦曉得中了配偶的計，將陷入嚴重的焦慮狀態，單靠一己之力無法擺脫，因為欠缺溝通的對象。受害人在此階段還會感到既羞愧又忿恨：愧於不被人愛，愧於忍受屈辱，愧於曾逆來順受，曾如此痛苦。

有些案例不是施虐者後來性情轉變，而是原本隱藏的精神虐待本性暴露出來。之前隱藏的恨意浮上檯面，類似於被迫害妄想。角色產生對換：施虐方變成受虐方，但真正的受害者仍會有罪惡感。加害者為取信於人，必須迫使伴侶做出令人譴責的惡行，以便可以否定對方。

安娜和保羅都是建築師，他倆是在工作上認識的。保羅很快就決定與安娜在一起，可是他在情感上保持距離，也不肯做承諾。他拒絕在公開場合示愛或做出親暱舉動，還嘲笑手牽手的夫妻。

他難以表達任何私密的東西。他總是不停開玩笑，對什麼事都要譏諷一番。這個策略使他可以隱藏自己，不動感情。他也確實對女性懷有敵意。他的態度是：「我們不能沒有女人，但是女人有礙男性雄風、淺薄無知、令人難以忍受。」

安娜把保羅的冷淡解釋為性格含蓄，他的拘謹代表剛強，說話帶刺則表示有學問。她相信自己的愛和兩人關係的保證，可以軟化保羅。

他們彼此有個默契，不會公開表現得很親密。安娜不但接受，還替這個潛規則找理由，使它具備正當性。由於她比保羅更期待親密的關係，所以採取必要行動來加以維繫，就成為她的責任。保羅解釋他個性僵硬是困苦的童年造成的，然而他提供的資訊相互矛盾又不完整，令人存疑：「我小時候沒人照顧我。要不是奶奶在我身邊……」「我的爸爸很可能不是我的親生父親。」

從一開始他就以受害者自居，好讓安娜同情他，並比她一貫作風更寵溺他、關愛他。安娜出於愛助人療傷的本能，很快就被這受傷的小男孩所引誘。

保羅是那種「無所不知」的人，對什麼議題都有他極端的看法，包括政治、未來、誰聰明誰魯鈍、該怎麼行動和不行動。他多半是以簡單的點頭，或話只講一半，來表達他無窮的智慧。他會很有技巧的反映出安娜的沒有安全感。

安娜缺乏自信，會對自己感到心虛。她不會去評斷別人，反而會替別人的行為找出情有可原的理由。她總是設法細膩地表達自己的想法，保羅說這種習慣是「自找麻煩」。安娜為順應保羅的期待，或她自以為的保羅的期待，而在他面前表現得柔軟圓融。她試著不要太堅持，並努力改變自己的習慣。

他倆的關係是建立在「他知道，她懷疑」的模式上。安娜覺得有別人的篤定可依靠，自己輕鬆不少。保羅則感覺到她的順從和願意接受他的主張。

從兩人剛在一起時，保羅就一直對安娜極為挑剔。他用令人不安的小動作攻擊安娜，最好是在眾人面前，讓她難以還擊。等她事後要拿出來談，他只冷冷的說，是她心裡有鬼，小題大作。保羅會從相當平常但親密的事入手，偶爾會訴求在場者的認同，他會誇張的說：「你不覺得安娜聽的音樂都是『老掉牙』的嗎？」「我打賭你一定想不到，她都買很貴的乳霜，想把她那等於沒有的胸部弄得更為緊實。」「阿貓阿狗都懂的事她卻搞不清楚。」

當他倆與朋友一起出遠門度週末時，他指著安娜的旅行袋，說：「她想反正有我當挑夫。乾脆把澡盆也搬去不更好？」若安娜抗議道：「你擔心什麼？我自己提行李！」保羅就會說：「沒錯，可是等妳累了，我就得接手，否則有失紳士風度。妳沒有必要帶兩套衣服來換，還有三大條口紅。」

然後他開始批評女人都是口是心非，最後搞得男人不出手幫忙都不行。

這些言詞的重點在讓安娜難堪。她感受到敵意，但因那語氣是半埋怨半開玩笑，使她不太確定自己的直覺對不對。朋友們不見得聽得出其中的敵意，安娜如果反擊，不免顯得缺乏幽默感。

每當有人稱讚安娜，好像她占了上風，保羅的批評就會變本加厲。於是她明白，由於她天生易於與人相處，事業更成功，也更會賺錢，使保羅有很多心結。他每次批評安娜後都會加一句：「這不是責備，這是陳述事實。」

當保羅決定投入一個年輕助理的懷抱時，精神虐待就變成顯性。他不想讓安娜好過的計謀更是表露無遺。

首項徵兆是心情永遠不好，保羅歸咎於工作和財務不順。晚上他多半比安娜早回家，到家後就拿杯酒往電視機前一坐。等安娜進門時，他不理會她的問候，只是頭也不回的問道：「今天晚上吃什麼？」（把自身壞心情轉嫁給別人的典型手法）。

他從不直接指責她，只是不經意的用受傷的語氣，丟出看似無惡意的話語，事後卻令安娜耿耿於懷。她若要求澄清他意所何指，他便避重就輕，否認有任何惡意。

保羅開始稱她「老太婆」。如果她抗議，他就把綽號改為「肥老太婆」，還說：「妳不用介意，妳又不胖！」

當她想要解釋自己有多難受，卻彷彿面對一堵空白的牆壁。他面無表情，她堅持說下去，他就更冷酷。最後必定是她忍不住發脾氣，然後保羅就可以指責她是暴躁的潑婦。她從未站在夠遠的距離外去看兩人的相處，所以無法理解或消解這種冷暴力。

不同於大多數的婚姻鬧劇，一旦鬧僵就難以和好，他倆從未真正大吵大鬧。保羅不曾大聲吼叫，只是表現出冰冷的敵意，事後若再提起，他一律不承認。安娜無法跟他對話，倍感挫折之餘會失控大叫。他便嘲諷她，說：「息怒息怒，可憐的寶貝！」這令她覺得好荒謬。

從臉部表情可看出他倆關係的本質：保羅面帶恨意，安娜面露怨懟和恐懼。

唯一具體的事實是保羅拒絕做愛。每當安娜想要討論此事，時機總是不對。晚上他太累，早上趕時間，白天又有很多事要忙。她決定把他約至一家餐廳。到了之後她開始吐苦水。保羅馬上以冰冷的怒氣打斷她：「我希望妳別在餐廳裡讓大家看笑話，尤其是為了這種話題。妳真是一點也不知節制！」

於是安娜哭了，保羅也極為激動。他罵她：「妳沒有一天心情好，沒有一天不發脾氣。」

繼而保羅換個方式為自己辯護：「我怎麼可能跟妳做愛？妳那麼可怕，像是會把男人去勢的巫婆！」

在那之後過了一段時間，他更過分到竊取安娜用來記帳的本子。安娜找不到，就問保羅有沒有看到。她很確定她把帳本擱在哪個房間，而那個房間沒有其他人進去過。保羅說他沒有看到，還加上一句：她應該把東西放好。他的表情充滿恨意，嚇壞了她。安娜明知是他偷的，可是太害怕如果追究下去，會引發保羅暴力相向。

最糟糕的是她不懂保羅為何這麼做。她苦思理由：明知這會給她製造很大麻煩，難道他是想直接傷害她嗎？是出於妒忌嗎？是需要確認她工作得比他更努力？還是他想從帳本裡找到錯誤，在某個時機用來對付她？

她毫無疑問的看出此舉是出於惡意。可是這種想法令人不寒而慄，她連忙拋開，拒絕相信。現在每當她與保羅憎恨的眼光相對，她的恐懼就變為實質的焦慮。

走到這一步，安娜已十分清楚，保羅想徹底摧毀她。

他並未像英國謀殺推理小說的情節，把少量的砒霜摻進她的咖啡裡，而是想要從精神上擊垮她。

他不把安娜當人看待，好讓自己與她的痛苦保持距離。他冷酷的看著她，不帶一絲感情。由此看來，安娜的眼淚的確顯得可笑。不過安娜最刻骨銘心的感受是，對保羅而言，她這個人不存在。她的眼淚和痛苦，保羅都不聞不問，更正確的說法是，彷彿一切不曾發生。他們之間的溝通完全斷絕，安娜為此怒不可遏，卻無從發洩，便轉為焦慮。

於是她試圖告訴他，與其這樣每天受折磨，不如分開比較好。然而在關係緊張時，她說什麼保羅都不會聽，就不可能提出這個話題。偶爾當日子還在可容忍的範圍時，她卻連大氣也不敢呼，以免製造更多緊張。

安娜設法寫信給保羅，說明她有多痛苦，以及她只想為兩人的情況尋找解決之道。她把第一封信放在保羅的桌上，等著看他會有什麼反應。他提也不提，她鼓起勇氣探詢他的看法。他冷冷的答道：「我對這件事沒什麼好說的。」安娜自忖，一定是她沒說清楚。於是，她再寫了一封更長的信，第二天卻在垃圾桶內看到那封信。她氣得要求解釋，保羅卻說他沒有必要理會她非分的要求，一句話打發她。

安娜無論怎麼做都不得要領。不知是否她表達的方式不對，此後她把給保羅的信都影印存檔。

保羅依舊不為安娜的痛苦所動，因為他根本視而不見。安娜覺得忍無可忍，因痛苦至極，舉措更亂了方寸。他把她的失誤看作是性格上的缺陷，應當予以糾正，因此他的暴力是合理的。她對他已經太危險，所以必須把她「毀掉」。

保羅對這樣相互施暴的反應是逃避，安娜則可想而知的希望溝通。

現在她決定與保羅分居。

保羅說：「如果我理解的沒錯，妳是打算一毛不花的把我趕出去！」

「我沒有要趕你走。我只是再也受不了這樣的日子。你不是沒有錢，你像我一樣在工作，我們講好離婚條件後，你可以拿走一半。」

「那我要到哪裡去？妳實在很惡毒。都是妳，害得我必須住進貧民窟。」

安娜把保羅的激烈反應怪在自己身上：因為他被迫與子女分開，他很痛苦，所以不能怪他。

兩人分開後，保羅與子女共處的第一個週末結束時，安娜在街上巧遇正一起走回家的他們。孩子們告訴她，跟父親的助理希拉度過了愉快的一天。在那一刻她看到保羅臉上掠過一抹不自然的勝利微笑，一時之間她還不明所以。

回家後，孩子們迫不及待的告訴她，爹地陷入愛河有多深。他整天都在親希拉的嘴，摸她的胸部和臀部。他沒有勇氣直接告訴安娜他有女友，就透過子女間接傳達訊息。他知道他與希拉親密會令安娜妒忌，可是他住得很遠，對安娜理所當然的憤恨根本聽不到，也不用擔心。他拿孩子當擋箭牌，讓他們去承受母親的怨恨與難過，他既不尊重做母親的，也不尊重兒女。

安娜欲振乏力。她愈掙扎，陷得愈深。她怕動輒得咎，什麼都不能說，也不能做，只能在愁苦和盛怒之間擺盪。她無力再反抗，只能任憑自己被強烈的痛楚所湮沒、吞噬。

保羅讓家人和朋友都知道，是安娜把他趕出家門，因而使他的經濟變得多麼拮据。安娜不甘心被他編派為壞人，便試圖為自己辯解，但她用的方法是他們未分手前即已行不通的：寫信給保羅解釋她的感受。她太害怕直接指責保羅，於是就拿他的情婦希拉當箭靶，說是希拉勾引好騙的已婚男人。

她這麼做恰好落入保羅的陷阱。他不想沾染憤怒與憎惡。他縮頭縮腦，讓兩個女人直接對壘。安娜依然懦弱，還想維護保羅，不願直接與他衝撞。

她只有一次大膽的直接攻擊他。她直闖他的公寓，強行進入，把這一陣子所有悶在心裡的話一股腦說出來。那是他們唯一真正的「熱戰」，也是她唯一一次真正與保羅對抗。保羅回她：「妳瘋了，誰會理瘋子。」當他強行把她推出門外，她打了他一巴掌，然後哭著離去。保羅當然立刻利用此事來打擊安娜。她收到來自保羅律師的傳票。保羅更到處散播：安娜瘋了，還動手打人。他的母親責備安娜：「安娜，拜託，妳冷靜一點；妳不能這樣鬧！」

安娜和保羅的律師談判離婚條件。安娜挑了一位以不引起衝突著稱的律師，她最在意的是別惹惱保羅，免得協商曠日費時。安娜想要好聚好散，不多爭辯，這反而使她顯得理直氣壯，更具有威脅性。

儘管他們兩人同意對共同的財產做一次清查，安娜卻在某次假期前無意中發現，保羅已把鄉下的別墅搬空，只留下孩子睡的床和安娜娘家的一些家具。安娜隱忍不發作，心想等財務方面解決了，保羅應該就不會再攻擊她，可惜事與願違。

她聽說保羅講了一堆質疑她誠信的話。起先她努力為自己辯解，解釋一切都是交由律師處理，後來她突然覺悟，再多說也無益，因為她一定要有錯。有一天有個孩子對她說：「爸爸逢人就講，妳拿走他的一切。也許他說的是事實，我們怎麼知道妳沒騙人？」

在以上的案例中，我們看到保羅不肯為關係破裂負責。他設下圈套，迫使安娜不得不採取主動把他趕出去，因此兩人離婚的責任在她。這整件事都是她不對，她成為使保羅不必感到心虛的替罪羊。安娜要是對他的背叛反應激烈，就會被指為有暴力傾向。然而她精神崩潰，又被說成瘋了，得了憂鬱症。反正她怎麼樣都不對。由於她不曾反應過度，所以只能用或明或暗的造謠中傷來詆毀她。

我們必須幫助安娜學著接受，無論她怎麼委曲求全，保羅都會恨她，並讓她看清楚，她做什麼都改變不了兩人的關係，一切已無力挽回。然後，她要建立有抵抗力的自我形象，讓保羅的虐待攻擊損傷不了她的人格。只要她不再畏懼施虐者，不隨著他起舞，她就能夠脫身，並阻絕他的攻擊力。

對保羅而言，好像為了愛一個人，就必須去恨另一個人。我們每個人都帶有自我毀滅的因子，而擺脫它的方法之一，便是把死亡驅力向外投射到他人身上。這就是為什麼某些人會刻意區分「好人」與「壞人」，壞人就死不足惜。

虐待者需要把舊愛變成替罪羊，然後將所有壞事都投射到對方身上，如此才能理想化新歡並建立起另一段愛情關係。任何擋住去路的障礙都必須消滅。要讓愛存在，就一定同時要有恨。新關係的發展是以仇恨舊伴侶作為基礎。

這種過程常見於分手時，但是多半情況下恨意會逐漸消逝，對新歡的理想化也會減弱。只是保羅對婚姻和家庭的理想期待很深，為了保護新家庭，他的手段變得更為強烈。無論希拉是否明白內情，她感覺到這份恨意保護了她與保羅的關係，因而沒有任何作為去斷絕它。在某種程度上她甚至鼓動這種保護機制。

安娜本性天真，相信愛情會使人慷慨、快樂、變得「更好」。她不知道保羅愛的是別人。她以為保羅排拒她是因為她「不夠好」，達不到他的期待。其實是因為施虐者眼中的愛一定要分割，一定要圍繞著恨。

分手

虐待手法在離婚或分手時很常見，最初並不被視為病態，但因其持續重複且單向，最終將帶來毀滅性的後果。

在分手的過程中，原本隱藏的虐待衝動浮出檯面，釋放為狡詐的暴力，當自戀的施虐者感覺獵物正在逃走時，暴力就會登場。

精神暴力不但在分手過程中不會中斷，還會經由雙方存餘的連結，包括子女，延續下去。法國精神病學家勒梅爾（J. G. Lemaire）指出：「分手或離婚後的報復行為可以從這個架構去了解：有人為了不恨自己，必須從曾經屬於他的某人身上，為其所有的恨意尋找出口。」

這種現象在美國稱為「糾纏」（stalking）或「騷擾」（harassment）。當舊情人或配偶不願放走獵物，而以陰魂不散的方式侵犯前伴侶的人格與靈魂，便構成糾纏或騷擾：例如在公司門外等著對方下班、成天不斷打電話、直接或間接的恐嚇威脅。

許多國家認真看待糾纏行為，並提供保護被害人的法令，因為已有研究證明，如果被害人反抗，糾纏或騷擾很容易演變為肢體暴力。

不論先提出分手的是誰，與自戀的施虐者離婚必定離不開暴力和纏訟。法律程序仍繼續使用「夫婦」一詞，但基本上那已復不存在，而施虐者仍企圖透過這條途徑，維繫與對方的連結。控制慾愈強，憎惡與怒火愈大。受害者的自我防衛技巧多半不佳，往往只有挨打的份，尤其當他們認為是自己主動提出分手的，實情也經常是如此。出於罪惡感，受害者表現得寬宏大度，冀望逃離加害者的魔掌。

受害者很少懂得運用法律，使其對自己有利，施虐者卻靠直覺就能部署必要的操弄。在離婚訴訟中，伴侶的虐待行為可以證明責任在對方，但是譏諷影射會留下罪證嗎？原告必須以事實證明所控訴的罪名，然而精神虐待的言行要如何舉證？

施虐者迫使配偶採取法律行動，卻又猛打證據不足，讓情勢對自己有利，這種案例所在多有。法官擔心本身遭到操弄，也不清楚兩造的關係誰是誰非，就只能打安全牌，不持特定立場。

精神虐待行為的目的是要造成對方不安，使其懷疑自己與他人。只要能達到這個目的，不惜使出各種手段，包括說謊、無中生有、冷嘲熱諷等。為了不受威嚇，伴侶不可屈服於自我懷疑，或是對自己的決定失去信心，對於虐待者的攻擊也要完全無動於衷。在與有精神虐待行為的前配偶接觸時，務必隨時隨地保持警覺。

伊蓮和皮耶結婚十年，育有三名子女。後來伊蓮抱怨丈夫施暴，要求離婚。皮耶當著法官的面，預告他將來會怎麼做：「從此以後，我人生唯一的目標就是讓伊蓮活得很痛苦。」

此後他完全拒絕直接與她溝通，只透過掛號信或律師彼此往來。如果他打電話給孩子，正好是她接聽，他就只有一句：「叫孩子來聽電話！」假使在街上碰巧相遇，他不但不理會她的招呼，更當作沒看見，彷彿她是隱形人。他只是不看她，不必透過言語，就能讓她覺得自己不存在，自己毫無價值。

他們也跟不歡而散的離婚夫婦相似，每當要協商子女的事：假期、健康和教育等，暗箭傷人的手段就會出現。皮耶的每一封信看似不痛不癢，卻都是令人難安的精神虐待小動作。

有一次伊蓮去信，提到學校的午餐新方案，皮耶在回信中說：「以妳素來缺乏誠信，此事我至少要和律師商量一下。」如果她寄掛號信（因為否則他根本不回），他就說：「只有瘋子或騙子才會每隔八天就寄一封掛號信。」

有封信是問他，五月份的週末要如何分配，他答：「那個月的第一個週末是七號和八號。根據過去的例子，我的律師建議我正式告知妳，倘若妳不尊重確認的日期安排，我將提出訴願。」

這些信件每次都讓伊蓮心生疑問：「我到底哪裡做得不對？」就算她認為自己沒有做錯什麼，也會心想，或許有哪裡疏忽了，引起皮耶誤解。起先她為自己辯解，後來卻發現，愈辯解愈顯得她有錯。

伊蓮對所有這些間接攻擊的反應很激烈，但是皮耶置身事外，所以看見她像瘋子一樣大哭大叫的是孩子。

伊蓮不想落人口實，但是在皮耶眼裡，不管什麼事都是她的錯。她成了替罪羊，要為離婚和所有的後果負起全部責任。她的種種辯解既可悲又無用。

皮耶的攻擊拐彎抹角，伊蓮如在五里霧中，想要自保也無從下手。辯解更是不可能的任務。總之她有罪在身，罪名毋須明講，他倆應該都很清楚。她要是和家人或朋友談起這些惡毒的話，他們總是不以為意的說：「他會冷靜下來的，這沒什麼大不了。」

皮耶拒絕直接溝通。當伊蓮寫信提醒他關於孩子的某件要事，他總是置之不理。如果打電話，他不是說：「我不想跟你談」，就是直接掛斷，要不然就是冷言冷語的傷害她。反之，如果她不通知皮耶便做出決定，他會馬上透過律師或信函讓她知道他不同意，然後向孩子施壓，讓她決定的事破局。皮耶用這種方式使伊蓮無法為孩子做任何決定。他光是把她打壓成壞妻子仍不滿足，還要證明她是個壞母親。他不在乎他這麼做也會影響到子女。

伊蓮面對任何關於子女的重要決定時都很頭痛，要徵詢皮耶的意見，又不想引起紛爭。等她終於寄出一封字斟句酌的信，他卻不回。她逕自採取行動，隨後就會收到掛號信：「妳未事先知會或徵詢我便做出決定。我要提醒妳，對三個子女我與妳同享親權，因此妳不得未徵求我的意見便做決定。」他也對孩子說同樣的話，搞得孩子不知道誰該替他們做決定。

他們離婚數年後，有一次她必須替一個孩子決定一件重要的事。她寫信過去，但是照例沒有回覆。她打電話，便立刻明白一切照舊。

她問：「你看過我的信了嗎？你同不同意？」

「像妳這種母親，誰贏得過，講再多也是白費脣舌，一切只能照妳的意思做。妳想怎樣就怎樣，孩子們也是有其母必有其子。總之妳問題很大。妳是成天在害人的小偷和騙子。妳只對這種事感興趣，也只會做這種事。」

「我不是要得罪你。我只是冷靜的問你，我們可不可以一起商量孩子的事。」

「妳還沒這麼做是因為妳沒有機會，可是也就快了。妳積習難改，永遠是那個德性。妳是笨蛋，沒錯，笨蛋。事情就是這樣，我沒什麼好說的。」

「現在是你在侮辱我！」

「我不過是實話實說，妳蠻不講理，一點也不知改進。要我接受妳的決定，門都沒有。我完全反對。再說，我也反對妳教育小孩的方式，還有照顧他們的人，以及他們的穿著。」

「不管你對我有何想法，眼前的事關係到孩子。你有什麼建議？」

「我不會給妳任何建議。妳永遠是那副樣子，什麼都不會改變。我認為與人交談很重要，但不是跟妳，因為妳不可理喻，連自己在說什麼都搞不清楚。妳什麼話都說得出口。」

「可是孩子的事必須做個決定。」

「好，既然要跟同層次的人說話，那妳何不去找上帝商量？我手上沒有他的號碼，也沒有打電話的習慣。我沒有別的話可說了。我會考慮一下，也許會回覆妳。總之不會是妳想要的答案，反正妳總是我行我素，所以回答也是多此一舉。妳不會得逞的。」

「任何事還沒做就被你否決，你真叫人無路可走。」

「對，因為事情到妳手上就完蛋。我不想跟妳討論這個。對妳，還有妳說的話，我沒興趣。再見，夫人！」

伊蓮注意到他們的對話已偏離正題，便把對話錄下來。她不敢相信自己耳朵所聽到的，不久便去接受心理治療。她覺得受到嚴重的暴力相向，但不確定這種感覺是她有問題，還是分開五年後，皮耶仍然一心想要徹底擊垮她。

伊蓮錄下對話是正確的，那讓她可以客觀認清事實。她與大多數受害者一樣，不相信有人會無緣無故恨她到這種地步。可是從以上對話看得出，皮耶為阻撓兩人的溝通，任何手段都使得出來，挖苦、辱罵，無所不用其極。他想要表示，伊蓮是個無足輕重的人，並且要為尚未發生的任何失敗負責。他阻撓改變，即便那會影響子女也在所不惜，因為改變無疑會動搖他的地位。我們也看到忌妒。皮耶孩子氣的妒嫉伊蓮，她象徵強勢的母親（孩子們都照她的意志行事）。那強勢來自她彷彿是神；當他拿上帝做比喻時，語氣是狂亂的。

聽完皮耶以冰冷憤恨的語氣說盡狠話之後，我明白他的恨永不會停止，因此我建議伊蓮要謹慎。這種恨意一發不可收拾，講理和辯解都是徒然。由於體面的形象對自戀的施虐者很重要，所以唯有訴諸法律，才能約束其暴力。其實伊蓮手上的錄音帶在法庭上並無法律效力，因為未經同意錄下私人談話是違法的。這令人感到遺憾，因為精神虐待的暴力確實會透過電話交談發生。在沒有他人在場的情況下，施虐者可以運用他最愛的武器：言語，傷人於無形。

施虐者的終極武器就是拒絕直接溝通。受虐的伴侶反而讓對方予取予求，被迫提供他要的訊息和答案，由於沒有任何防護措施，當然容易犯下錯誤，讓施虐者一逮到機會，就任意將受害者貶抑為失敗、沒有用的人。

在信件中使用強烈的暗示和指涉，是一種不著痕跡就能擾亂對方的高招。外人（如精神科醫師或法官）看了，也只能從這一項證據推斷，那不過是曾有夫妻關係的男女之間常見的惡言相向，仍屬正常的意見交流。然而本案例中並無雙向交流，只有片面攻擊，而且受害人無從反擊並保護自己。

這種精神虐待式的攻擊會破壞家庭的平衡。子女與其他目擊者難以想像，如此嚴重的敵意會沒有理由，因此想當然耳，受虐方必有部分責任。以伊蓮的例子來說，儘管她與子女的關係非常融洽，但是皮耶的每封信都引起緊張和敵意。孩子們對她說：「每次妳接到爹地的信，心情就很壞，我們已經受夠了！」皮耶一封信可能引爆的狀況，就像遙控的詭雷，讓大家坐立難安。伊蓮就連看信也要特別留意時機是否恰當。然而施暴者可以聲稱這都與他無關，把問題推得一乾二淨。一切都是不理性的前妻之過：她既無法控制自己，也不懂得如何養育子女。

這是伊蓮和皮耶的現狀。由於一個是不折不扣、剛愎的施虐者，絕不肯放過他的被害人，所以看不見事情有解決的一天。加害者深信自己是對的，不會良心不安或自責。一旦成為攻擊目標的受害者始終要保持無可挑剔，不能被抓到任何把柄，否則就會遭到下一波的虐待攻擊。

過了很久伊蓮才明白，她所經歷的並非針鋒相對的分手過程所導致的一連串誤會，癥結在於皮耶的病態行為，那讓她也變得行為反常。由於無從溝通，他們與子女都捲入兩敗俱傷的漩渦中，需要外力介入才能結束這個過程。

伊蓮曾不斷自問：「我要為他的態度負什麼責任？是因為我的行為，還是因為我這個人？」如今她知道，皮耶只是重演他童年的遭遇，以及在原生家庭所經歷的模式，而在她自己的童年中，她也總是必須扮演療傷者的角色，想要擺脫也很困難。當初她就是被皮耶「需要幫助的不快樂男孩」那一面給吸引，原本令她著迷的部分如今卻讓她吃盡了苦頭。

家庭裡的精神虐待

出現在家庭裡的精神虐待會產生打不破的相互關聯，以致一代傳一代。在這裡我們遇到了病態的精神虐待，它往往讓周遭人等不易察覺，並帶來日益嚴重的傷害。

有時候，這種虐待躲在「教育的幌子」下。瑞士心理學家愛麗絲・米勒（Alice Miller）譴責傳統教育造成的傷害，其宗旨是破壞孩童的意志，以便形塑他們成為馴服聽話的人。孩童面對「成人壓倒性的力量和權威，不容有開口的餘地，甚至被剝奪了知覺」，他們是無力抵抗的。

《國際兒童權利公約》（International Convention on Rights of Child）認為，下列對待兒童的方式有害其心理健康：

- 言語暴力
- 虐待與貶損的行為方式
- 拒絕給予愛與親情
- 不符年齡的過度或不相稱的要求
- 相互矛盾或不可能做到的管教指示

家庭暴力絕對不會無害，施虐者會對想要毀掉的孩子直接施暴，或透過間接的方式，讓孩童受到不良後果的影響。

間接暴力

以間接精神暴力的方式，施暴者想要摧毀的對象大多是配偶，最後卻禍延子女。子女因為在現場，又不願與被害的父或母斷絕關係，於是也成了受害者。他被當作「那個人」的孩子來攻擊。在這場與孩子無關的衝突中，他被召來當目擊證人，連帶承受所有加諸受虐者的惡意。而受虐者無法對施暴者正面抗議，就把所有壓抑的怒氣發洩在子女身上。面對父親或母親無止境的羞辱另一人，子女別無選擇，只能自我隔離。他不可能建立完整的自我，或是培養出獨立思考的能力。假使他無法靠自己找到解決之道，內心就會帶著部分傷痛，而這傷痛日後還會重現。

恨意與毀滅的衝動會轉移目標。施暴者因控制不了自己的病態行為，便把恨意從他厭惡的配偶轉移到子女身上，使孩子成為他施虐的對象。

娜迪亞的父母在離婚前，習慣以一種檯面下的暴力，挑起子女間的對立。家醜在這個家不是祕密，卻總是以陰狠的方式呈現。母親比誰都清楚，怎樣使用惡毒的字眼和迂迴的謾罵。她的指桑罵槐在孩子的記憶中留下有毒的因子。

娜迪亞的母親自丈夫離開後，便獨自帶著最小的女兒麗雅一同生活，她懷疑其他子女是前夫的共犯。雖然麗雅仍然屬於她，但是她懷疑有一個以麗雅為中心的巨大陰謀，正在她的周遭醞釀。當娜迪亞送生日禮物給麗雅時，母親的回覆是：「妳妹妹和我謝謝你。」她把自己的怨恨與疑心傳達給麗雅，並阻止麗雅與其他家人接觸，導致麗雅對於其他兄弟姊妹仍可見到爸爸感到憤憤不平。

娜迪亞的母親不斷抱怨自己的子女。她會讚美恭維一個人，然後立刻收回自己剛剛說過的話。她總是在佈網、設陷阱，好讓大家知道，她才是勝利者。她構築一個引發罪惡感的體系，儘管每個孩子個性不同，或多或少都能在他們身上發揮作用。

娜迪亞送母親絲巾當耶誕禮物時，她會說：「謝謝妳的絲巾，它的長度跟我擁有的其他條都不一樣，剛好可以補齊！」或者「妳是我的孩子當中，今天第一個送我禮物的。」她的女婿自殺時，她的反應是：「反正他很懦弱，走了還比較好。」

娜迪亞每次見到母親或是聽母親說話，都感覺像在作夢，而母親所有的批評指責都讓她無處可逃。她察覺，她必須努力自保，才不會被扯得支離破碎。母親每一次的攻擊都助長了娜迪亞的暴力傾向，她心生把母親按在地板上的念頭，好讓她別再「作威作福」，認為世界上每個人都對不起她。這也讓娜迪亞出現胃痛和腸痙攣的問題。即使沒跟母親住在一起，透過信件或電話，她仍感覺到有一隻很長的手臂伸了過來，緊抓著不放並想要傷害她。

虐待式的操弄會引起兒童與成人嚴重的身心失調，所以不論有什麼理由，這種行為均令人無法接受和原諒。當父母各說各話而且立場完全相反，做子女的怎能有正確的想法？倘若這種心理疑惑不能由其他成人以常識加以化解，兒童或少年有可能自我戕害。有太多這類例子，是小時候受過各種形式的親長虐待，如亂倫，長大後出現厭食症、暴飲暴食或其他成癮的行為。

羞辱的言詞及暗示，會形成負面制約或洗腦的情況。受此虐待的孩童不會抱怨遭到不當對待，反而拚命想要獲得拒斥他的父母認可，但終歸是得不到。他因此產生負面自我形象（我是個可有可無的人），並認為是自己罪有應得。

史帝芬很清楚，早在罹患憂鬱症前，他就覺得自己很空虛，很被動。雖然他根本不喜歡吃藥，卻固定服藥以掩飾自己的空虛無聊。

在青春期之前，史帝芬愛說話、有朝氣、心情愉快，也是個好學生。十歲時父母離婚，他從此失去天生的本性。他覺得父母都不歡迎他，弟弟決定跟著母親，他認為自己有義務跟隨父親。他成為父母離婚的人質。

史帝芬的父親個性冷漠、從不滿足、缺乏愛心，說話總是帶刺、嘲諷、傷人。他自己活得痛苦，也不願周遭的人活得快樂。史帝芬從不告訴父親他想做什麼。待在父親身邊的只是史帝芬的影子，當父親離開時，他心想：「我現在可以輕鬆了，還好沒出什麼差錯。」

即使現在史帝芬已經成年，他還是很怕父親。「假如我是他周遭唯一有這種反應的人，我會覺得是我不正常，可是每個跟他接觸的人都不願與他討論事情，因為怕跟他起爭執。」史帝芬隨時保持警覺，否則如果父親罵他罵得太過分，他可能會失去理智。

他知道自己通常太容易向權威屈服，因為他受不了衝突；他也明白，即便到了這個年紀，要是他不對父親讓步，他們的父子關係就會破裂。而他尚未準備好去對抗父親。

為人父母者手上握有柔順的生命可羞辱，正如他本人曾經或持續遭到羞辱。孩子的歡樂令人難以忍受，無論孩子做什麼、說什麼，都必須受到刁難，他們得償還父親或母親所受

的苦。

丹尼爾的母親自己婚姻不幸，就見不得孩子快樂。她總是掛在嘴邊：「人生是一堆狗屎，每天都是苦日子。」不管你願不願意，養兒育女就是要犧牲，無法享受完美人生。她的脾氣從來沒有好過，所有接近她的人都會被刺傷。她發明一種家庭餐桌遊戲來鍛練子女，玩法就是有計畫的取笑某個孩子，而被取笑的孩子必須把持得住。這遊戲帶來不斷重複的傷害，但沒有嚴重到值得提起。孩子甚至不確定那些話是否是故意說的，還是母親只是不夠圓滑。

她會很認真的講這個或那個孩子的缺點，用一種間接且迂迴的方式，她也會當著一個孩子的面不斷詆毀另一個，以製造兩個孩子的對立或誤解。

她帶著關切的表情，指責丹尼爾什麼都做不好，將來也不會有出息。每當丹尼爾想表達意見，她一定毫不留情的打斷他。丹尼爾長大後仍然躲不掉母親的冷言冷語，他不知道該怎麼為自己辯護。他說：「誰能對自己的媽媽講狠話！」他一再作一個相同的夢，夢到自己抓著母親的肩膀，搖著她問道：「你為什麼對我這麼壞？」

操縱子女十分容易。子女會幫所愛的人找藉口，他們的忍耐沒有限度；對於父母的所作所為，他們都能原諒，並把過錯轉嫁到自己身上。他們想要知道，也試圖去了解，為什麼父親或母親會那麼痛苦。以受苦作為要脅是常見操縱子女的手法。

賽琳告訴父親她遭到強暴，準備要上法庭。警方因為她沉著鎮定的提供線索，抓到了強暴犯，並讓他受審。她父親的第一反應卻是：「最好別向妳媽提起這件事。可憐的她，這只會讓她又多一個煩惱。」

維多利亞一天到晚都在抱怨胃痛。這讓她有藉口整日躺在床上，而且不必與丈夫做愛。丈夫被她冷落，她給兒子的解釋是：「都是你這個胎兒太大，把我的腸胃給擠壞了。」

施虐者的配偶若是也受到施虐者的控制，就很有可能會在知曉孩子的苦楚後，還站在施虐者這一邊，並合理化自己的作法：我愛莫能助。子女很早就能察覺父母對自己的精神虐待，可是因為無法自立，還要依賴父母，而無法指明。當受到虐待的父母一方因拚命想自保而退縮，只留下孩子單獨面對虐待和拒斥，情況就會惡化。

艾格莎的母親習慣性的要求子女，替她所有的不快樂負責，同時也不忘抹去任何的蛛絲馬跡，讓自己毫無罪惡感。她說話的語調不慍不火，以致她的攻擊好像都是孩子想像出來的。在這種家庭氛圍下，孩子什麼話都不會說出口，就算說出來也一概不會得到承認：

「又沒怎麼樣，是你在發牢騷，胡亂瞎編的！」

這種暴力僅會留下模糊的記憶。就算有機會說出口，從來也不是用直接的方式。艾格莎的母親對此並不在乎，且會巧妙迴避正面的對話。不過，當她要抱怨遺棄她的丈夫時，她就會說服孩子站到她這邊。艾格莎被攪得混亂不安，無法確定自己真正的感受是什麼。

孩子們知道，母親床底下有個盒子，裡面全是他們嬰兒時的照片。母親說她全部丟掉了。有一天艾格莎鼓起勇氣問她那個盒子的下落。提起那個盒子，是勇於質問母親強迫他們相信的事實，是擺脫她掌控的一種方式。母親回答：「我不知道，我去看看，也許……」

艾格莎覺得自己像孤兒。她雖然有父母，但是那兩個人形同陌路。她沒有叫人安心的肩膀可以倚靠。她必須一再為許多事情合理化，才能保護自己免於將來的打擊。

直接虐待

直接虐待表現於父母有意或無意的拒斥。父母自我合理化的理由是：這麼做全是為了子女好，目的是管教小孩。然而實情則是認為子女擾亂到父母，因而要把孩子的內在摧毀，父母才能得救。

儘管只有受害者感受到精神虐待，但其傷害是真實不虛的。子女感到難受，但是客觀上並沒有什麼可抱怨，頂多是日常生活中稀鬆平常的態度或言語。人們會說，是孩子自己跟自己過不去。然而想要壓制孩子的意志確實存在。

受到虐待的孩子會成為問題兒童。他令父母失望、頭痛：「那個小孩很難教；他什麼都學不會，你只要一轉身，他就會給你搞得亂七八糟！」

會施虐的父母在意的並非孩子不符期待。孩子之所以令人討厭，是他在有問題的父母關係裡所處的特殊地位（非期望中的孩子要為不情願的婚姻負責），也可能只是他與眾不同（有某種疾病或學習障礙）。他一出現就會引發父母衝突，於是他就成了必須教訓和糾正的對象。

法國心理治療師伯納．藍佩特（Bernard Lempert）將這種打擊無辜受害者的拒斥描述得很好：「在某些家庭，沒有愛是一種系統化的虐待，重擊著孩子，使他生不如死。那不僅是缺乏愛，更是有計畫的暴力，孩子不但要忍受，還會內化，以致把加諸自身的暴力，轉為自我傷害的行為。」

由此形成一種荒謬的循環：父母責備子女笨手笨腳，反會使他更不靈光，距離父母的理想愈來愈遠。孩子不是因笨拙而被貶低，卻會因被貶低而變得笨拙。拒斥他的父母總會找到理由（尿床、成績不好），來為這股暴力傾向開脫，然而暴力的成因在於孩子的存在本身而非孩子的行為。

日常生活中，這種精神暴力常見的表達方式，就是給孩子起可笑的綽號。莎拉忘不了十五年前，她年紀還小時，父母叫她「垃圾桶」，因為她胃口很好，每餐飯都吃得一乾二淨。後來她體重過重，不再是父母的理想女兒。父母不但不幫助她控制食慾，反倒試圖加倍打擊她。

有些孩子天生在某方面比父親或母親強得太多：太聰明、太敏感、太好奇。父母為掩飾自身的不足，便抹煞子女最大的長處。對孩子的成見隱藏暴力的性質：「你這孩子一點用也沒有。」結果孩子真的變得愚蠢、古怪、討人厭，父母就有很好的理由不善待他。父母打著管教的幌子，澆熄了自己欠缺但孩子擁有的生命火花。粉碎孩子的意志和批判精神，從而使孩子無法評斷父母。

不過在任何情況下，孩子感受最深的是自己達不到父母的期待，或者就只是覺得自己是多餘的。他們對於令父母失望、讓他們顏面無光、不如父母期望的那麼好，倍感愧疚。孩子會滿懷歉意，一心想要彌補父母的自戀情節。然而這注定會落空。

艾瑞兒雖知道自己工作能力很強，卻完全缺乏自信。她經常會暈眩和心跳過速，她認為那是重度憂鬱使然。

她向來與雙親溝通不良，特別是和母親海倫的關係很糟。艾瑞兒覺得母親不愛她，可是她不怪母親，只怪自己排行老大，因此站在承受母親虐待的第一線。

她形容自己與母親的關係很矛盾，她會從母親那裡得到不清不楚的訊息，她不懂那些訊息的含義，也不知道怎麼保護自己。有人告訴她，她是父母起爭執的原因；她從此有罪惡感，甚至寫辯解信給父母。

愛瑞兒感覺到母親對她的負面制約，那就像洗腦，目的在貶損她。母親用扭曲的語言，字字句句隱含著曲解，使女兒不得翻身。海倫狡獪的利用第三者挑起衝突，或是以譏諷顛倒是非。凡是母親提出的建議就是權威；只要出任何差錯，母親必定讓艾瑞兒覺得是自己不好。艾瑞兒總是緊張兮兮，不斷自問做得對不對，務必別讓媽媽不高興。

某日她發現一封母親生日那天她寫給母親的信。信被釘在母親的衣櫃上，日期下劃了線，空白處潦草的寫著：「晚了一天！」艾瑞兒只能說：「不論我做什麼都不對。」

精神虐待會對家庭造成可怕的傷害。它在神不知鬼不覺的情況下，侵蝕感情和人格。加害者隱匿暴力的手法常常高明到被當成大好人。這種有害身心的過程會在第三者加入時更顯得扭曲，那通常是父母中的另一人也不自覺的遭到控制。

亞瑟是媽媽倩黛十分期待的孩子，可是爸爸文森卻不這麼想。文森把嬰兒推給妻子去照顧，他認為那是女人家的事。當他覺得妻子花太多時間在兒子身上，就挖苦她：「妳把那小鬼當成寶！」這句話看似無傷，倩黛也認為很正常，但是那語氣聽起來，讓她感覺「好像做錯事被逮到」。

又有一次，她替亞瑟換尿布時，一邊唱歌給他聽並親吻他的小肚子。站在房門口的文森就說，很多媽媽在兒子還躺在搖籃裡，就做出有亂倫嫌疑的舉動。倩黛雖然開玩笑的答道，他這麼說並不恰當，不過此後只要文森在附近，她面對兒子時就沒有那麼自然。

文森對養育小孩有非常嚴格的規定：孩子哭鬧一般不必理會；只要吃得飽，尿布都有換，要哭就隨他哭。大人不需要因為有小孩而改變居家環境與擺設，孩子要學習不要亂摸亂碰，用力拍他的指關節就有警告作用。亞瑟是個可愛又好帶的嬰兒，卻經常受到狠心的對待。

亞瑟的臉頰圓滾滾的，所以爸爸叫他「肥小鬼」。這令倩黛很生氣。儘管她一再懇求，他依然故我，即使在稱讚兒子時仍用這個稱呼。文森對她說：「只有妳那麼介意。妳看，他在笑。」家人朋友都對此抗議，文森卻照樣用這個綽號。

後來訓練亞瑟大小便不是很順利。他直到上托兒所前都會尿在身上，晚上尿床也持續很久。文森為此怒不可遏，直接打亞瑟的屁股。他在倩黛面前毫不掩飾怒氣，倩黛害怕他冷酷的怒火會發洩在孩子身上，最後就變成是她打了亞瑟的屁股。她當然覺得很內疚，並責怪文森太嚴厲。文森卻只冷冷的回她：「可是打他的是妳。有暴力傾向的是妳！」倩黛走進兒子的房間，抱起他，安撫他，其實她也在安慰自己。

施虐的父母並不會真的動手殺死孩子，只是不斷抹煞他的人格，直到孩子變成一文不值，宛如不存在。父母藉此虛偽的維持良好自我形象，孩子卻喪失自我價值的意識。「當暴虐發生在家庭裡，造成個人絕望，虐待便達到目的：讓人感覺失去靈魂，彷彿行屍走肉。我們在這類案例中必會發現共通點：無痕跡、不流血、沒有屍首。失去靈魂的孩子仍然活著，一切如常。」

即便父母的暴力行為更明顯，仍會因為缺乏證據而無法在法庭上告發。

茱莉葉特雖然是父母宣稱都想要的孩子，可是從一開始就很明顯，她不該來到這個世界。她一出生，只要發生不好的事都是她的責任。如果她不乖，是她的錯；如果家中有事不順遂，也是她的錯。不管她做什麼，都會被責罵。她一哭，就會遭訓斥、挨耳光：「妳現在知道妳為什麼哭了！」如果她不回應，就會被講：「我們覺得妳把爸媽的話當耳邊風！」

父親嫌棄她到如此地步：在她九歲那年，有一次全家到森林裡野餐，事後居然「忘了」帶她回家。有人撿到她並報警。父親卻不當一回事的解釋道：「我該怎麼辦？這孩子完全不聽話，一天到晚亂跑。」由於茱莉葉特吃得好、穿得好，沒有公開挨打，所以儘管她顯然應該與父母隔開，但是社福機構並未接管這個案子。她的母親順從於跋扈的丈夫，卻也設法補償和保護女兒。她盡力抵抗，並揚言要帶女兒一起走，可是她沒有任何外在資源，只能維持著與這個恐怖男人的婚姻。

茱莉葉特雖遭到虐待，卻很愛爸爸。當旁人問起她家裡的情形時，有時她會答：「媽媽總是在鬧，她說要離開，但還是一直留下來。」

精神受虐兒唯一的保護機制，就是脫離受虐的環境，否則其人格會逐漸腐蝕，靈魂深處的核心會死去。孩提時代留下的惡因，在成年後會不斷重現。

就算不是所有的受虐兒日後一定會成為虐兒的父母，惡性循環卻已形成。每個人都可能把內在的暴力施加於別人身上。愛麗絲・米勒告訴我們，受掌控的孩童或成人，久而久之會忘記自己遭到的暴力：知的意願必須抹去，但是受虐症候群會重複出現在他們身上，或是發洩到別人身上。

父母並非只向子女傳遞正面價值，如誠實與尊重他人；父母也可能以培養孩子足智多謀為藉口，教導他們猜忌別人及玩弄法律。最狡猾者才能勝出。在膽大妄為是通則的家庭，往往會出現以奸詐著稱的家族「英雄」。他們不會為犯法感到羞恥，而是犯法被抓到才可恥。

隱性亂倫

除了磨滅孩子人格、使其喪失自我的虐待暴力，有些家庭則瀰漫著不健康的氛圍，容易出現曖昧表情、性暗示及不正常的感情。這種家庭的世代界線模糊，普通感情與性混為一談。嚴格說來這不算亂倫，而是精神分析師拉卡米耶（P.C. Racamier）所謂的「準亂倫」（the incestual）。準亂倫是一種氣氛：有亂倫的暗流，但並未發生實際的亂倫行為。我者會稱之為軟性亂倫。父母並沒有做違法的事，卻存在著表面上看不出來的邪惡虐行：

●母親向十二歲的女兒訴說，丈夫有哪些性方面的缺點，並拿他的性特徵與她過往的情人比較。

●父親要女兒固定當他的不在場證人，在他與情婦幽會時，要女兒陪著並在車子裡等待。

●母親要十四歲的女兒替她檢查性器官有沒有長疹子，還說：「我們都是女生，沒關係。」

●父親引誘十八歲女兒的朋友，還當著女兒的面愛撫她的朋友。

以上的態度會促成危險的共謀氛圍。世代間的區隔不受尊重，使得孩子不能做個孩子，被迫當起成人性活動的見證者。這樣的毫無避諱，常被看成時髦、「跟得上時代」的作風，而不以為意。受害兒童無法自我防護，要是抗議，大人還會笑說：「你太大驚小怪了！」這等於逼孩子否認自我，若孩子不想變得精神錯亂，就必須退縮並接受自己原本覺得不道德的原則。矛盾的是，這種散漫的道德觀可與嚴格的戒律並存，如女兒的守貞等。居心不良的掌控機制，讓受害者看不清真相，也就無從制止這種精神虐待。

第二章 見於職場的精神虐待

伴侶相互選擇彼此，所以精神虐待關係有可能是夫妻或情侶關係的基礎，但在職場關係上卻未必如此。不過即使這兩種關係的脈絡不同，運作方式卻有些類似，所以我們可以用「夫婦範例」來理解職場的某些行為模式。

當對權力的妒忌與霸行相衝撞時，公司內部發生暴力和虐待的機會便會增加。配偶間殺傷力過大的精神虐待案例，不太會出現在職場上，可是很不幸，日常的虐待小動作確實存在於公司裡，而且大多被視為不要緊或遭到忽略。

在企業、大學和機關，騷擾或虐待的手法比私人領域來得老套，其殺傷力不可小覷，不過被害人較不易曝光，他們為求生存通常會離開（生病或辭職）。在公共領域（企業、政界、機構）的虐待手法，開始逐漸受到重視，而被害人也團結起來發出譴責，讓社會大眾有機會知道，他們受到的對待是可忍孰不可忍。

何謂職場的精神虐待？

我們所謂的職場精神虐待，是指不論藉由言語、表情、姿勢或文字，任何侵犯個人人格、尊嚴或身心完整的舉止，以及危害此人任職或破壞職場氛圍的行為。

雖然職場騷擾的歷史與人類開始上班工作一樣悠久，但是直至九〇年代初，由於它所造成的心理損害，才被明白指出有礙工作環境、降低生產力和導致請假缺勤。研究職場騷擾的主要是英語系和北歐國家，並以「職場暴行」（mobbing）一詞指稱這種現象。瑞典教授漢茲・萊曼（Heinz Leymann）專研工作心理學，歷經十年針對不同職業團體進行研究後，他把這種現象命名為「精神恐嚇」（psychoterror）。今天在無數國家，有工會、保險公司與企業醫生，正著手處理這個問題。

企業和媒體多半把焦點放在性騷擾上，那只是所有騷擾中的一環。職場上的這種心理戰包含兩個要素：

●濫用權力：經常很快暴露，令被害員工無法接受。
●精神操弄：起初較不易察覺，破壞力較大。

精神虐待和騷擾的開頭看不出惡意，卻是在暗中坐大。被捲入者原本不願為此發怒，發生爭吵和受欺侮也不想聲張。但攻擊層出不窮，受害者不斷身陷其中；長期下來便會自覺不如人，並向惡意卑鄙的操弄屈服。

顯然人不會因為精神攻擊就當場倒地不起，但的確會受傷。每晚下班回家拖著疲累的身軀，並感到屈辱、身心受創，要恢復很難。

群體中有衝突很正常。因一時氣憤或壓力大而說話傷人，那沒什麼大不了，事後能夠道歉更好。會造成傷害的是一再重複的挑釁和羞辱。

當虐待行為出現時，就彷彿打開一具所到之處寸草不留的機器。那是沒有人性的過程：沒有靈魂，沒有憐憫，所以很恐怖。被害者的同事無論出於膽小、自私或單純的恐懼，往往會保持距離。一旦發生這種不對稱的破壞性互動，若欠缺有力量的外來干預，情況只會惡化。在危急時刻，既有的問題會更為嚴重：僵化的公司更僵化，沮喪的員工更沮喪，好攻擊的人攻勢更猛等等。我們成為原本模樣的加強版。危機狀況確實有可能逼得你我不惜一切去尋找解決辦法，可是精神虐待會麻痺受害人，也會更突顯他的弱點。

惡性循環就此啟動。想要找出衝突的源頭將徒勞無功，甚至連衝突的原因也記不得了。加害者一連串故意的行為，目的在引發被害者的焦慮；焦慮繼而導致防備態度，防備態度又激起新的攻擊。經過相當時日，產生相互病態的反應；加害者只要看見痛恨的對象就會憤怒，被害者看到對方也會心生畏懼：此即侵犯與防禦式的制約反射動作。恐懼促使被害者做出反常舉動，正好為將來的攻擊預留藉口。被害者的反應經常是混亂而激烈的，加害者會拿他個人或他所做的任何事來攻擊。其目的是使他完全失去判斷力，陷入徹底的慌亂，並感到自己有嚴重的缺點。

上級主管對這種事不是睜一隻眼閉一隻眼，就是任憑其自由發展。即使是同層級（同事對同事）的騷擾，管理階層也傾向於不介入。問題發生後大多遭到忽視，直至被害人公開有所反應，如哭泣、歇斯底里或常常請假。因虐待而起的衝突基本上只會惡化，因為公司不願插手，採取「你們都是成人，有問題可以自己處理」的立場。被害人不僅覺得身處險境，防不勝防，知情者坐視不管對被害者來說更是雙重打擊。上級主管很少提出直接的解決辦法，只是採取「再看看」的緩兵之計。把其中一方調至公司內的其他單位，則是常見的回應方式。如果能有人及早出面作主，理性的採取適當行動，虐待行為就會終止。

誰是施虐的目標？

不同於施虐者想要製造的假象，受虐者一開始並非特別懦弱或心理不健全。恰巧相反，騷擾往往發生於受害者不肯盲從上司權威式的要脅。某人之所以成為目標，就在於有能力抵抗權威，即使在壓力下亦然。

迫害的第一步是貶低被害人，並經所屬團體的確認。等到貶低成為事實後，即可理直氣壯殘酷的對待被害人，其他成員也會認為對方罪有應得。

被害人往往並非敷衍塞責者，反倒常是工作狂（上癮的確切標記），屬於認真的完美主義者，很晚下班、週末加班，生病也不請假。這種人有一種病態的需求，離不開辦公室。這類被害人不見得都對工作上癮，那常是公司影響、控制員工的後遺症。

員工福利有時可能是虐待的起因。例如公司不得解聘懷孕婦女，結果自忠心耿耿的員工宣布懷孕的那一刻起，騷擾過程便開始了。雇主立即想到的是各種麻煩：產假、提早下班去接小孩、為孩子生病請假等。簡言之，就是雇主擔心無法再任意支使模範員工。

騷擾過程啟動後，受害人會被污名化。有人會說很難與他共事，指他脾氣壞，甚至精神有問題。他們把衝突的後果歸咎於對方的性格，忘掉他原來多麼努力，或是他在現況下的處境。對方被逼到牆角後，多半會變成雇主期待的樣子。受欺壓者難以充分發揮潛力，他的注意力無法集中，工作效率低落，因工作品質下降而免不了遭到批評。雇主就有理由以不適任或欠缺專業請對方走路。

有些偏執狂看似受過虐待，但不可誤以為是真正的騷擾受害者。這種人很專橫，缺乏彈性，易與同事意見不合，不能接受批評，常覺得遭到排斥。他們根本不是受害者，反而更接近潛在的施虐者。我們可以從其偏執的個性，以及對自身過失不會感到內疚來分辨這種人。

誰虐待誰？

群體行為不是各個成員個別行為的總和；群體是獨特的實體，有自己的行為。佛洛伊德曾談到，在群體裡個人特徵會消失，並產生雙重身分認同：個人在水平的關係中對群體，以及個人在垂直的關係中對上司。

騷擾同事

群體傾向壓抑個別特色，不容許差異存在（女人在男人團體中，男人在女人團體中，同性戀，種族、宗教或社會階級差異）。女人要在傳統屬於男性的行業獲得尊重委實不易，周遭會出現鄙夷的態度、黃色笑話、噁心作態，這些看似有點不成熟，但大家一笑置之，包括在場的女性成員，她們往往別無選擇。

凱希通過競爭激烈的考試，當上警探。即便女性僅占警力的七分之一，她仍希望可以加入少年隊。有一次與同事起爭執後，對方丟下一句話就結束他們之間的爭辯：「妳只是兩條腿上的一個洞。」其他人聽了大笑，還追加一些黃色笑話。她無法淡然處之，她大聲抗議而且很生氣。同事們為了報復就孤立她，還拿其他女探員做對比來貶損她：「別的女同事都那麼能幹，也不會裝模作樣。」在某次警方行動中，沒有人通知她任何訊息。她問了時間、地點、如何進行、在哪個警方轄區等，卻得不到答覆，大家只說：「妳太資淺，反正也不知道該怎麼做。妳就待在這裡泡咖啡吧。」

她想與上司討論這個問題，卻約不到時間。誰也不想聽的事你怎麼談法？她要不就是和整個團體對抗，要不就是投降。因為她生氣，就被說成是難相處。那個標籤變成無論她在什麼位置，都擺脫不掉的污點。

有一天晚上她如往常一樣，交班後把槍鎖在抽屜裡。第二天抽屜卻是開著。她遭到申誡。凱希知道只有一個人可能打開那個抽屜。她要求見局長以洗刷冤屈。局長決定找那個可疑的同事開會，並向凱希表示，有可能採取懲戒行動。可是在會議上，他「忘記」提起開會的理由，還有意無意的批評凱希的工作表現。後來會議報告也不見了。

數月後當她的工作搭檔兼好友自殺，沒有人安慰她。她請了幾天病假，就有人說她軟弱。同事們提醒她：「這是個男人世界！」

許多企業無法保護個人權利，任種族和性別歧視橫行。有些案例是因擁有別人欠缺的優勢（年輕、美貌、財富、魅力）而引發虐待行為。當大才小用而上司的教育程度不及時，就可能出現這種狀況。

四十五歲的瑟希兒高䠷美麗，先生是建築師，育有三名子女。因為丈夫的工作不穩定，所以她也找工作來貼補家用。她的出身背景使她很懂得應對進退，衣著和言談也很得體。可是她沒有漂亮的學歷，只能屈就枯燥、缺乏挑戰性的工作。從一開始同事們就與她有隔閡，他們對她說出各種不中聽的閒話，例如：「靠妳的薪水怎麼買得起那種衣服？」

一位新上任的女上司粗俗又善妒，更加速惡化這個情況。瑟希兒成為辦公室裡打雜的，任何有一點意思的工作全都派給別人。她想抗議，卻因譏諷的話開不了口：「貴婦提出無理的要求了，她不想讓低下的工作降低她的身分！」瑟希兒向來不是很有自信，也不確定到底是怎麼回事。她原本想以接受最不討好的工作來表現善意，後來她又責怪自己，心想：「一定是我不對。我一定表現得很笨。」有少數幾次她氣不過而發作，上司就冷冷的說她很難搞。

於是瑟希兒盡量保持沉默，但是心情很沮喪。由於她的薪水實在低得可憐，丈夫也不真心關切她的問題。她去看一般科醫生訴說自身的挫折、疲倦、提不起勁，醫生只藉著藥物百憂解（Prozac），就把難題打發掉。後來他發現此藥對她無效，大感驚訝，才把她轉介給精神科醫師。

同事之間的虐待也可能出自個人過往的競爭力，使某個員工想要犧牲別人來成就自己。

黛妮絲與前夫的情婦共事好幾年，兩人的關係惡劣。她因為如此難堪的狀況變得十分沮

喪。她請求調職未果。三年後因辦公室大改組，她必須直接聽命於這個女人，而對方以羞辱她、輕視她的工作、取笑她的錯誤為家常便飯。那人不相信黛妮絲能應用電腦文書處理來寫作與工作。黛妮絲不敢為自己辯護，只能生悶氣，結果又犯下更多錯誤。她的工作岌岌可危，她再次向主管的主管要求調職。得到的答覆是會處理，但結果是一切照舊。

她身心俱疲，無計可施，便請病假休息。離開辦公室使她的情況好轉，但是當又要回去上班的時間逐漸接近，她的舊病即會復發。有兩年時間，她不是請病假，就是又陷入憂鬱。主治醫師想盡辦法要治好她，公司管理階層卻對她的情形充耳不聞。由於她抱怨連連，又頻頻請病假，公司認為她是心理失常。她的問題好像無解。她原本可請假到退休，但是經過評估後，社會安全署（Social Security）的顧問醫師判定，她的健康狀況可以回去工作。

為避免再回到令她痛苦不已的辦公室，黛妮絲考慮辭職。然而她已經四十五歲，基本上又沒有什麼專長，她該何去何從？如今她的口中會出現自殺的字眼。

在這種情形下同事之間的衝突大多很棘手，企業處理起來顯然是力不從心。有時得到上級的支持事情會比較好辦，但閒言閒語會說這是偏袒或以性交換而來。

許多高階主管並非高明的管理者，管理能力不足會使問題每況愈下。企業多半把責任交付給專業背景最優、但並非最具管理專長的人。有些高階主管即使在別的領域很稱職，卻帶不動一個團體，也似乎不清楚同事之間的問題。就算知道某個狀況，也會因為不懂得如何介入，而遲遲不敢採取行動。管理能力不足也是職場精神虐待案得以發展的一項因素。發生同事之間的騷擾事件，第一步應向直屬上司申訴，或找更上一級的主管。然而若在不友善、無法令人信任的環境裡，向主管求助幾乎不可能得到合理對待。漠視、膽怯加上無能，只會讓大家更加怕事。

上司被下屬欺負

這種情況少見得多。當外來主管的行事風格和方法，不為原有的群體所認同，而新主管也未設法調適或不夠強勢，就容易發生下欺上。另一種例子可能是老同事升職，但並未參考同部門其他人的意見。不管是哪種情況，管理階層均未充分顧慮到將來要與他共事者的想法。

假使部門的目標未明確設定，升職者的職責又踩到某個部屬的責任範圍，問題就會變得更複雜。

梅麗兒原是一家大企業的總經理特助。憑藉工作勤奮和在夜校進修好幾年，她被擢升至同集團內責任很重的職位。

上任後她立即發現，以往共事的祕書們對她滿懷敵意。她們不把信件或口信轉給她，還會弄丟檔案，並偷聽私人對話。梅麗兒向上司求助，得到的回答是，假如她不能贏得祕書們的尊敬，就沒有能力加入管理階層。上司還建議她調到責任比較輕的職位。

下屬受上司欺壓

員工為保住工作而被制約為一切都要忍耐，這種情形很普遍。公司默許個人以暴虐或濫權的方式管理部屬，原因在於那正中管理階層的下懷，或是這種事好像不重要。然而那可能對部屬造成很嚴重的後果。

上欺下或許是單純的濫權：上司無節制的利用職位優勢，同時也因為害怕控制不了下屬而壓迫他們。這是小暴君式的濫權。

也可能是上司為自抬身價而打擊部屬，或是必須解決當作替罪羊的部屬，而展開虐待的過程。我們後面會看到，員工可能被這種惡劣的打壓弄得無法翻身。

受害者如何失去抗拒能力？

只是擔心失業，不足以解釋精神受虐者為何逆來順受。折磨屬下的主管與企圖掌控一切的小暴君，會有意或不自覺的使用一些手法，讓被害人受到精神上的束縛而無法做出反應。同樣的虐待手法在集中營裡曾經使用過，也一直是極權政權的主要手段之一。

施虐方為維持對屬下的權力與控制，施行看似無惡意的計謀，若受害員工反抗，壓制力道就會變得更強。主管先是剝奪員工關鍵的判斷力，直到員工分不出誰是誰非。部屬遭到壓迫、虐待和監控，以致隨時隨地都處於緊張狀態，甚至惡劣到，所有可能幫助他了解狀況的資訊都不告訴他。員工被逼到牆角。他持續反抗更多的欺壓，直到對自己的遭遇忍無可忍。無論導致虐待的原因是什麼，施虐者是誰，方法始終不變。施虐者從不把癥結說清楚，也不尋求解決之道，只是狡詐的腐蝕受害者的人格。相關團體或是坐視不管或是落井下石，成為推波助瀾的幫凶。

職場的精神虐待有階段之分，每個階段的共通點就是拒絕溝通。

拒絕直接溝通

上對下的衝突雖屬檯面下的動作，但每日透過打擊被害人的信心不斷進行。施虐者拒絕解釋其行為。不願解釋導致受害員工只能挨打，無法處理受到的攻擊。上司不把話說清楚，就不能討論衝突的原因，藉此阻撓問題獲得解決。在精神虐待的過程中，務必不可讓對方思考、理解和反應。

拒絕對話是加重衝突、同時取得影響力的有效方法。那等於不用言語卻能明白表示：我懶得理你，甚至認定你這個人根本不存在。由於什麼都沒有說，所以什麼都可能是指控。

如果被害人有自責的傾向，情況會更糟糕。「我是哪裡做得不對？他為什麼生我的氣？」

主管即使責備，也一定是顧左右而言他，留下各種揣測和誤解的空間。有時為避開確切的回答，主管說的話也許會相互矛盾：「我認為你很棒，可是你根本是個廢物。」

就算主管肯解釋，內容也只會是不清不楚的責備。

打擊信心

暗中的攻擊讓受害者無從反駁，其手法是在非言語的架構下間接表達，如惱怒的嘆息聳肩、蔑視的表情、欲言又止、含沙射影、惡意或令人難安的暗示。質疑屬下的一言一行，即可使他的專業能力在團隊中逐漸變得不可信賴。

面對間接的欺壓，員工不易自保。你怎麼向第三者陳述充滿恨意的表情？你怎麼說得清楚影射及暗示？有時被害人會懷疑本身的感受，不確定自己是不是反應過度。他對自己沒有信心。當上司運用種種伎倆打擊內心容易動搖的員工，員工會失去自信，卸除一切自我防禦。

不打招呼、談到被害人像談到某物品（畢竟誰會對物品說話）、當著被害人的面對別人說：「你看到了嗎？他那一身穿著實在令人不敢領教！」這些都是在打擊信心。其他還包括：忽略被害人的存在，不直接稱呼對方；趁對方離開位子的五分鐘，把寫著工作指示的便利貼放在他桌上，不直接告訴他要做什麼。

假借開玩笑、逗弄和諷刺，間接批評被害員工，也是打擊的伎倆。事後主管可以說：「只是玩笑話，開個玩笑不會死人吧。」言語變成冷暴力的工具，字字句句都隱含著對被害人的羞辱。

破壞名譽

想要破壞一個人的名譽，只需迂迴的引起旁人懷疑，例如隨意拋出一句：「你不覺得……嗎？」然後再用影射加暗示組合成冠冕堂皇的言論引發誤解，使其變得對自己有利。

為進一步打擊受害員工，主管以揶揄作為掩飾，加以嘲笑、羞辱，直至對方失去自信。主管給他取稀奇古怪的綽號，或是拿他身體或別的缺陷大做文章。用中傷、謊言和惡意的諷刺來對付他。被害人就陷入明白自身處境卻無力抵抗的困境中。

這些計謀出自妒嫉的同事，他們發現若想擺脫自身窘迫的情況，把過錯推給別人就行了；或者也有主管認為，羞辱和不斷批評可刺激屬下努力工作。

當被害人心情低落或忍不住爆發時，施虐者就能夠理直氣壯的說：「我不意外；那傢伙是瘋了。」

孤立

一旦主管決定，要自精神上瓦解某個員工，為防堵任何可能的抵禦，就必須切斷潛在的結盟，把此人孤立起來。單獨一人想反抗會困難得多，尤其當你受騙而相信人人都反對你時。

透過挑撥和偏袒種下不和諧的種子，引起忌妒，使員工彼此對立。只要有心懷妒意的同事，這個擾亂人心的過程就可以輕易完成，而真正的罪魁禍首則藉此把責任推得一乾二淨。

遭同事排斥的受害者，在餐廳裡得獨自用餐，下班後也不會受邀與大家去喝一杯。

當上司與同事一起孤立他，受害者漸漸得不到資訊。他被隔離，開會時沒有他，他只能從書面紀錄知道公司的事。隨著情況日益嚴重，他等於遭到封鎖。即便同事忙得不可開交，卻無工作交辦給他，但這不代表他可以整天看報紙或是早退。

我想到一個案例，在法國某大國營企業中，上級有意把某位主管趕走。於是該主管未接獲通知，便突然分配到一間漂亮而偏僻的辦公室，上級未指示任何工作目標或聯絡對象，電話也完全接不通。受到如此待遇一段時日後，那位主管自殺了。

孤立會迅速帶來比工作量過大時更多的壓力和傷害。管理階層發現，這是讓他們不再需要的人辭職的簡單方法。

霸凌

霸凌包括要受害者做無用或低下的工作。擁有企管碩士學位的宋妮亞，便因此坐在密不通風的小辦公室裡，負責貼郵票。

也可能是設立達不到的目標，要求員工很晚下班和週末加班撰寫緊急報告，而主管卻看也不看便丟到一邊。

有些情況則是製造意外的疏失，使對方身體受到間接傷害，例如正好落在被害人腳邊的重物。這也是一種霸凌的行為。

迫使被害人犯錯

迫使別人犯錯是打擊他人的有效招數，這不止是為了事後可以批評或貶低此人，也可以破壞他的自我形象。態度輕蔑或挑釁很容易使衝動的人發火，或做出引人側目的過分行為。然後施虐者就可以說：「你看，那傢伙完全亂來，讓大家都不能好好工作。」

性騷擾

性騷擾是另一種形式的精神虐待。男女都可能成為騷擾對象，不過一般多半是女性遭男性騷擾，而且施虐者通常是職位高的男性。

問題不在於得到性「好處」，而是把女性當作性「物件」。騷擾者認為遭到他性騷擾的婦女，應該「任憑我擺布」。她應該接受他的態度，並對自己被選為目標感到受寵若驚。騷擾者料想不到他垂涎的女子居然不願意。一旦她拒絕，羞辱和攻擊便紛至沓來。糾纏別人的行為卻說成是對方引誘他，或者說是她心甘情願，這種例子也很常見。

我們聽過各式各樣的騷擾犯，其共通點就是大男人主義，對女性和男女平權持負面態度。已知的性騷擾類別有：

- 一般騷擾，包括因性別而對婦女有差別待遇，並有性歧視的言行。
- 勾引行為
- 性勒索
- 令人排斥的性注意力
- 強制性的性行為
- 性攻擊

自一九七六年起，美國司法體系把性騷擾視為性別歧視，但是在法國，唯有發生與工作相關的明確勒索行為，如以解雇作為威脅，才算違法。

在一項美國的研究中，二成五至三成的大學生表示，至少曾遭遇過一次教授的性騷擾

（性歧視言論、性暗示表情、不當的性言語或性接觸）。

虐待行為是如何開始的？

惡毒的病態施虐者雖然在職場上很少見，但其吸引力以及虐人致失常的能力，卻令人畏懼。只要是雙方都有機會的競爭，權力鬥爭有其正當性。然而有些鬥爭從一開始就不平等，例如有高階主管涉入其中，或者當施虐者讓他的受害者完全無力反擊時，不公平的虐行即會發生。

濫權

這類行為一看即知。上司以權力壓制下屬，小暴君也常藉此維護自尊。他們必須靠宰制他人，來彌補脆弱的自我形象；當部屬擔心失業，別無選擇只能就範，他們更是得以為所欲為。以促進公司的發展為名義，愛怎麼做都可以：工作時程沒得商量、緊急要求加班，或工作要求含糊不清。

有系統的向員工施壓，並非有效且助於獲利的管理作風，因為壓力太大可能導致專業失誤以及員工請病假。快樂的員工生產力較高，可惜小暴君甚至管理階層，常有壓力可帶來利潤的錯覺。

理論上濫權不會針對特定對象，往往只是拿弱者開刀。在某些公司，上行下效的涓滴效應（trickle-down effect），可能使濫權從最高階層延伸到小主管。

濫權現象由來已久，不過今日大多加上美麗的包裝。高階主管大談員工自主和主動出擊，卻仍然要求員工聽話服從。員工隨著公司的鞭策前進，不敢時刻或忘管理階層的獲利要求、失業的威脅，以及不斷被提醒要負責，否則會受罰。

伊芙在某個家族企業擔任業務員已有一年。工作忙得喘不過氣來，加班也沒有加班費或補休。即使週末參展，週一早晨還是得八點準時上班。

老闆是個暴君，永遠不會滿意。對每個員工都招之即來揮之即去。有什麼事一不如意，他馬上咆哮：「如果不高興，就另謀高就！」誰也逃不過他的淫威。這些語言暴力令伊芙氣餒，她經常感到噁心，必須吃藥和鎮定劑。她疲累不堪，週末都用來睡覺，試圖恢復體力，卻常做惡夢而睡不安穩，醒來依然很累。

經過一段工作負荷特別重的時期，她的恐慌症狀愈來愈嚴重，一點小事就會哭出來，吃不下也睡不著。醫生開證明讓她以憂鬱症請病假。休息兩個月後，她總算可以回去上班。但一回到辦公室，面對同事冰冷的態度，就讓她懷疑自己是不是真的病了。她甚至找不到自己的辦公桌和電腦。公司內仍是同樣的恐怖氣氛：無理的責備、惡言相向、不符才能的屈辱工作，以及工作績效不斷遭致批評。

她不敢說什麼，只能躲在廁所裡哭。晚上她感覺被掏空，早上上班時，即使還沒開始工作，她已有罪惡感，因為員工個個自危並且互相監視。

伊芙說，她好像在壓力工廠上班，每個同事都抱怨有身心失調的症狀：頭痛、背痛、起疹子、排便不順等，可是他們像嚇壞的孩子，不敢向老闆反應，老闆也不會關心這些。

她首次請病假半年後，被叫去參加討論解雇她的初步會議。她是在某次展覽上覺得不舒服請假一天後接到開會通知，這觸動她心中的某一點。她首度發怒了。她認為公司要她走很不公平，也有失誠信，她決定不善罷干休。儘管她感到內疚，自問：「不知有多少是我咎由自取？」但她還是採取行動。

她請教專家意見，並由外聘律師陪同參加那次會議。官方的理由是，她經常無故請假，因而公司對她失去信心。律師指出，她最近這次請假，是因為展覽後聯絡不到老闆。會議上老闆的指證都不構成解雇她的充分理由。於是老闆表示，反正不急著發出解雇函，他會再考慮考慮。

人要懂得自身權益才能有效自保。伊芙蒐集了很多資訊，也知道什麼不能做。如果她沒有帶律師去，老闆會像往常一樣恐嚇她，再開恩式的給她「一次機會」。

伊芙等待正式的解雇函，卻遲遲沒下文。她帶著些許快樂的心情繼續上班，但是過不了多久，充滿壓力的環境引發舊有的惡性循環。那次會議後她的處境更艱難。每天都收到指出她小失誤的傳真。同事們也怪她：「妳不該那麼做；妳激起他的怒氣。」她必須處處為自己辯解，但也明智的影印了重要的往來文件。她務必不能犯任何錯誤，不能有任何閃失。午休時她隨身攜帶個人文件，同事笑她神經過敏：「妳像小學生一樣背著書包去吃午飯。」她也不在意。有些人把檔案往她桌上一丟，什麼話也不說。要是她抗議，對方就會說：「妳有什麼問題嗎？」為避免被戲弄，她封閉自己。老闆迴避她，只以書面下達指示。

一個月後他又以伊芙的態度不改，展開解雇程序。由於這次他解雇她的唯一理由，已確定是個人因素，那位律師替她爭取一筆資遣費。老闆怕她尋求仲裁便簽了字。

伊芙離職後得知，有五個同事也陸續離開，其中有三個職位很高。只有一人是另有高就，其餘四人自己辭職，拿不到一分錢。

虐待的陰謀詭計

具虐待癖者在團體中，會引誘和聚集較順從的人在身邊。若某人抗拒不加入，就會遭到集體排斥，變成替罪羊。群聚的成員藉著批評和講這孤鳥閒話，凝聚向心力。此刻的他們極易受到影響，虐待者怎麼批評和輕視別人，他們都會追隨。他們本身固然有各自的道德觀，但因依賴一個不道德的領導者，變得毫無是非判斷的能力。

美國社會心理學家史丹利・米爾格倫（Stanley Milgram），於一九六〇至一九六三年研究服從權威的現象。他的研究方法是：請參與者在心理實驗室中，做出一連串愈來愈違背良心的舉動。其實驗目的在於了解，在參與者拒絕做出某些舉動之前，他會遵從主持實驗者的指示到什麼地步。米爾格倫的結論是，他認為「一般人在無敵意的情況下，很有可能只是為了盡忠職守，而成為殘酷毀滅過程的幫兇」。法國教授克里斯多夫・德儒爾（Christophe Dejours）根據這項研究結果，討論常見的「邪惡的平庸」（the banality of evil）。有些人確實是需要訴諸更高的權威，才能達到本身的平衡。這種盲從正中施虐者的下懷，可以利用來傷害他人。

欺壓者的目標是不計一切手段取得或維持權力，要不就是掩飾自己的無能。為達目的，他一定要剷除礙事者或看穿他的人。從上述的濫權案例可知，光是攻擊處於弱勢的受害者還不夠，還必須削弱他的防禦能力，讓他保護不了自己。

恐懼導致受害者服從，甚至委曲求全，也會影響同事，他們姑息虐行，不願加以正視。那是拙劣的個人主義：「各人自掃門前雪。」圍繞在欺壓者旁邊的人不敢自行其是，而成為下一波的打手。任何人絕不可在公司興風作浪，一定要有團隊精神並且隨俗從眾。

一位自我中心又殘酷的老闆，對有野心、不惜一切代價追求成功的員工，能帶來什麼樣的羞辱和精神折磨，電影《與鯊共泳》（*Swimming with Sharks*）揭露得淋漓盡致。我們看到片中的老闆辱罵員工，信口雌黃、面不改色，常下達模稜兩可的指示，要員工日夜待命，還任意改變規則，好讓員工永遠戰戰兢兢。同事們早已知道：「耍手段、明爭暗鬥不但會受到鼓勵，還有獎賞！」老闆一方面整舊員工，一方面用升遷的美景蠱惑新人。「替我做這個。別多話，認真聽，小心做。不要動腦筋，個人意見不算數，你有什麼想法，我完全沒興趣。你有什麼感覺，不說也罷。你來公司只為我一人工作：要保護我的利益，回應我的需求。我不是要你當烈士，我是要你幫忙。只要你好好做，多聽多學，就有可能如願以償。」

精神施虐者在沒有制度、組織混亂的公司，更有發揮的餘地。他只須找到一點點縫隙，即可大大滿足追求權力的慾望。

這種人的技巧如出一轍：利用對方的弱點，直到他產生自我懷疑，然後消滅他的防禦能力。受害者在不知不覺的侵蝕與傷害下，逐漸喪失信心，有時甚至思想混亂到認為加害者是對的：「我毫無能力，我應付不了，我不配做這個工作！」由此，破壞過程悄悄進行著，直至受害者開始責怪自己。

蜜莉安在一家生意蒸蒸日上的小廣告公司擔任創意設計師。基本上她對自己設計的作品負責，不過所有工作，其實是由一位直通執行長的副總協調與統籌。蜜莉安很有責任感，在工作上投注極大的心力與時間（包括晚上及週末的無酬加班）。可是每當她關心自己的案子最後結果如何，明顯太衝過頭時，就會被提醒不得越權。那位副總不是設計師，卻把蜜莉安交出的設計案拿去，照他自己的喜好更改，也不告知她或徵詢她的意見。如果蜜莉安要求解釋，他就擺出一副笑臉，若無其事的回答：「好啦，蜜莉安，這又沒有多要緊！」蜜莉安覺得內心有一股難言的憤怒：「我花了三天時間做那個案子，他幾秒鐘就把我的心血改得面目全非，卻連解釋也懶得解釋。別人還以為，我樂於替否定我作品的人設計！」

這種事完全無從討論，什麼都不能說。沒有一個員工膽敢對那個副總表示意見，大家都怕他的脾氣。唯一的辦法就是盡量避免與他接觸，不信任悄悄滋生。員工常自問：「他到底是什麼意思？」他假借幽默和嘲諷，迫使大家順應他的期待。只要他一出現，人人立刻精神緊繃，等著「被找碴」。大部分員工為避免不愉快，就只能怪自己不好。

由於工作量增加，副總同意讓蜜莉安有個助理。助理一來，他就挑起兩人對立。當蜜莉安對所負責的案子提出看法，副總聽也不聽，只管聳聳肩，便轉向她的助理說：「妳應該會有更好的點子吧！」

他不斷要求蜜莉安做更多事，所給的完成時限卻愈來愈短。要是她拒絕交出達不到自我標準的設計，副總便責怪她不合作。她最後只好承認他批評得對。

她的抗拒造成壓力，轉而引起胃痛和恐慌。她覺得上班時幾乎撐不下去。

那位副總意圖控制一切，不肯分享權力。嫉妒使他想把蜜莉安的設計據為己有。這種管理作風如果行得通，會產生獨掌大權的主管。有些員工為適應主管，就把自己當成小孩，同事的衝突則成為手足之間的口角。蜜莉安雖曾抵抗卻不能堅持到底，因為她怕失去工作。然而她的士氣低落，受整個情況影響很大。「我真的能夠理解為什麼有人會想殺人；我覺得無能為力，想訴諸暴力到很可怕的程度！」

有些雇主對待員工像管小孩，有些則把員工當成物品看待，可以任意驅使。像蜜莉安

的例子，工作上涉及創意，被害人受到的攻擊更直接：她所有的幹勁和創意都因而蕩然無存。雇主通常會設法防止有用或不可或缺的員工離職；絕不能讓這種人弄清楚自身的處境，或是覺得不怕找不到別的工作。一定要讓他相信，自己只配做現在這個工作。要是他反抗，就孤立他，斷絕一切接觸，沒有眼神交流，在走道上也不打招呼，或是對其建言充耳不聞。繼而是傷人的刻薄言語，倘若這些還不夠，精神暴力就會出現。

萬一被害人做出回應並企圖反抗，暗藏的壞心眼就會轉為毫不掩飾的敵意。此階段的精神虐待稱為「精神恐嚇」。加害者為迫害其犧牲品，什麼手段都使得出來，有時甚至包括肢體暴力。這可能導致對方殘害身體或自殺。加害者罔顧公司的利益，一心只想把被害人打倒。

在整個過程中，施虐者不僅在玩權力遊戲，也享受把對方當成玩物耍弄的樂子。施虐者把受虐者逼到軟弱無能的地步，自己害人卻不必負責。為達目的無所不用其極，即使是建立在他人的痛苦上。這種人完全不懂得尊重他人，貶低他人以滿足自尊心，在他看來正當合理。最令人不解的是，他沒由來的憤怒永無止盡，對於被他逼入困境的人，一點同情心也沒有。施虐者認為被害人是罪有應得，所以無權抱怨。被害人只是個討厭的東西，一定要抹煞他的特質。對施虐者而言，被害人沒有權利去感覺或情緒起伏。

面對令人百思不解的侵害，被害人感到孤立無援。旁人害怕自己變成攻擊的對象，而使環境中瀰漫膽怯與明哲保身的氣氛。有時也會出現一種狀況，周遭因為旁觀他人受虐而產生殘酷的快感。

在正常的關係裡，必要時有可能利用衝突來壓制某一方的高姿態，從而維持雙方權力的平衡。然而精神虐待者無法忍受對其權力的絲毫反抗，他會把衝突的關係轉化為仇恨，這股仇恨甚至以摧毀對方為目標。

露西在一家小型家族公司當業務經理已有十年。她在公司剛成立便加入，所以對公司感情深厚。當年要開發客戶的確是很大的挑戰。

她的老闆一直是個說話好聽但作風專制的「君王」，隨著公司經營成功，現在更是變本加厲，暴虐專橫。早上他來上班時不會跟人道早安，命令員工時不直視對方，堅持員工的辦公室門不能關，開會前五分鐘才下達指示等等。所有這些因素令大家時時刻刻不得放鬆，精神上疲累不堪。老闆為求更有效的「統治」，鼓勵衝突和打小報告，偏袒較聽話的員工，敵視反抗他的員工。露西覺得這根本是剝奪員工權力，就刻意保持距離。她的態度被視為叛逆。

此時老闆又增聘一位業務經理打破整個局面。他立刻把新進者捧上天，對她另眼相看。如此明目張膽的不公平，簡直是企圖賄賂。這讓新進者感到狐疑困惑而想要辭職。老闆說服她不要走，還讓業務部的同事認為，這場鬧劇是因露西嫉妒造成的。

老闆以為，讓她們兩個女人互相競爭、彼此攻擊，他就更易於控制。

從此以後露西被孤立。她得不到資訊，工作績效不被認可，她怎麼做都不對。公司也傳出她工作能力不足的流言。儘管她知道自己勝任愉快，到後來卻也懷疑起自己的能力。她變得壓力很大，不知如何是好，又怕別人藉此來對付她，便努力掩飾心中的不安。其他員工都避著她，深怕與她走太近會被認為跟她一樣無能。

露西也像許多精神受虐者一樣，反應得太晚。她不自覺的把老闆當做父兄。等到她聽見老闆對同事說出侮辱她的話，當天便要求見他：

「你羞辱我；請問你對我有什麼不滿？」

「我什麼人什麼事都不怕。妳走吧。」

「除非你告訴我對我有何不滿，否則我不會走。」

這一刻老闆失去自我控制力，在盛怒中把桌面一掃，拿起東西就亂砸，說：「妳沒有能力，我對妳的傲慢厭惡到家！」

主管不知道她不會投降而打出「恐嚇牌」。他對換兩人的角色，把自己變成受員工欺負的人。

露西長久以來自認受到老闆的照顧，她無法理解在他眼中看到的蔑視與痛恨，但肢體的暴力激起她的反應，她決定提告。同事們想勸阻她：「別這樣。妳只是自找麻煩。他總會冷靜下來的。」露西哭著、顫抖著到警局提出控告。接著她去看醫生，醫生開給她八天的病假證明。最後她回到辦公室拿公事包。

正式提告是結束精神恐嚇唯一的辦法。由於這代表與公司明確決裂，所以若非忍無可忍，就是需要很大的勇氣。但這麼做也不保證一定會得到正面的結果。

坐視虐行的企業組織

這種例子只會出現於鼓勵施虐或對此視而不見的公司。有些管理階層很清楚，該如何處置不適任、不積極的員工，卻不懂得如何應對無禮或讓其他同事日子難過的員工。公司尊重隱私，主管遵循「不過問」政策，認為員工已夠成熟，解決得了自己的問題，結果卻使受虐者的尊嚴遭到踐踏。

持這種態度的企業會製造出好競爭的員工，他們雖然本性不壞，卻容易為了勝出而降低自己的道德標準，在別人施虐的過程中隨波逐流。目睹不當對待或虐行時，他們不再感到震驚，也逐漸分辨不出激勵和騷擾的界線。然而，在競爭的環境中，其實更要掌握分寸，不得觸犯尊重他人的底線，也不應漠視個人權益。

當失業成為威脅時，傲慢與譏諷有可能成為管理的手段。在競爭激烈的組織內，冷漠無情當道。不論手段如何，競爭都被視為對組織有益，輸家則予淘汰。懼怕正面交鋒的人不會直接奪取權力，而是在暗中或以殘酷的方式操縱他人，以獲得對方的屈從。削弱受害者將有助於拉抬他的自我形象。

貪戀權力者在這種環境下，利用團體的是非不分來打擊潛在對手，還能夠全身而退。只要是出現管理階層控制不了的人，他們就會無所顧忌的操弄或侵害他人的人格，以便取得或鞏固權力，也不必擔心會遭到報復。

職場的某些特性會促成虐行的發生。無庸置疑，壓力大的團體比較容易發生衝突。為了提升績效引進新的工作模式，卻忽略人性因素，壓力將由此而生，並為虐行提供溫床。

緊張與壓力原是有機體的生理現象，它使有機體得以因應各種可能的攻擊。對動物而言，緊張是求生存的本能。動物面對攻擊時，可以選擇對抗或逃跑。企業員工卻沒有這種選擇餘地。人類的有機構造和動物一樣，對攻擊的反應分作三階段：驚覺、抗拒、耗盡氣力。只是這種生理現象已失去身體原本的備戰作用，改由社會適應與心理適應所取代。企業要求員工在壓力下，快速完成過多的工作，還要能夠隨機應變，兼顧許多面向。一九九〇年代，專門研究工作環境的醫學專家，曾分析彈性工時對屠宰場員工造成的後果。其報告指出：「確實，經濟壓迫影響了工作量的分配，但進一步研究發現，某些單位的要求已經太過分：工作步調只有愈加愈快，班表排到爆滿且不規則，極度不為員工設想的例外情況逐漸變為常態。」

工作壓力的後果及其所造成的健康問題，仍然未得到充分的認定與量化。壓力不被認定為「職業病」，也不當作員工缺勤的直接原因，然而專精此領域的一般醫生與精神科醫生已證實，身心失調症、酗酒和吸毒的增加，與工作壓力太大有關聯。

組織架構紊亂必會產生壓力，其來源有：(1)職務定義不明（誰也不知道什麼人該做什麼事，或是誰該負責任）；(2)組織環境不穩定（某人奉派擔任某職位，但誰也不清楚他能做多久）；(3)缺乏協調（未經相關各方同意便逕自做決定）。有些公司的層級制度極為僵化，使貪權之人可以肆無忌憚的對付他人而逍遙法外。

有些企業是「榨汁機」。它編織不實的美夢，玩弄員工的情感，不斷對員工提出更多要求。當員工鞠躬盡瘁，不能再替公司賺錢時，就把他一腳踢開。企業的組織結構可能隱含很大的操縱成分。我們常看到，管理階層為激勵員工效命，不惜建立遠超出正常勞資契約的私人連結關係，儘管理論上並未直接操縱員工的情感。資方要求勞方為公司掏心掏肺，並利用社會學家妮可・奧貝爾（Nicole Aubert）及文森・德高勒捷（Vincent de Gaulejac）所謂「想像式管理」（managinaire，management 與 imaginaire 的縮寫）的體制，把員工轉換為「黃金奴工」（golden slaves）。企業一方面要求員工過度付出，並要承擔壓力的後果；一方面卻吝於肯定員工的努力，也不把他們當成獨立個體，員工變成可相互替代的卒子。在某些公司，員工從不會在一個職位上待很久，以免他資歷太高。員工永遠被侷限於無知且弱勢的狀態，任何創新或主動積極的跡象均屬異類。公司不肯賦予員工責任，也不准他們進修，上進的動機和熱情被澆熄。公司把員工當成不守規矩的學生看待；不准笑、不准放鬆，否則會被糾正。有時在每週的例會上會要求他們自我批判，把部門會議變成公開羞辱的場合。

雪上加霜的是，有些人屈就較低職位，學歷與直屬主管相當或者更高，主管便會向他施壓，直到他再也負荷不了更多的工作，而怪起自己的無能。經濟壓迫意指對員工要求愈來愈多，卻愈來愈不顧及他們的福祉。員工本身和其學識不受重視，員工個人不算什麼，他的經歷、尊嚴和痛苦都不重要。

面對遭受這種「物化」現象及機器人式待遇的員工，大多感覺自身勢單力孤，難以有所作為，但是會在內心抗議，低著頭盼望情況有所改善。當壓力導致失眠、疲倦、易怒，員工卻不遵醫囑，請病假以抒解壓力，因為害怕回去上班時會遭報復，這種例子不在少數。

不須明確理由就把員工趕走的方法有好幾種：

- 在公司改組時以景氣不佳為由，刪除某員工的職位。
- 把特別困難的工作交給某員工，再從其績效裡挑毛病，製造請他走路的正當理由。
- 利用精神虐待讓某員工崩潰，促使他自動辭職。

精神虐待常發生於員工因外在因素而狀態不佳時。譬如有個人因素，像是因離婚而比較難專心工作，於是過去從不是問題的事，現在卻會因此被暗中捅一刀。有心人覺得既然對方現在疏於提防，於是以往可接受的事現在就毋須容忍。施虐者認為自己是對的，受虐者本來能力就有問題。利用別人的弱點確實是很有用的策略，在商場和政壇司空見慣。能在「人吃人、狗咬狗」的世界成功者，不免要沾沾自喜。

奧利佛是一家大型法律事務所的資深合夥人。這家事務所自開業以來經營得很成功，最近有許多年輕的畢業生加入，個個想要一步登天。另一位合夥人法蘭克是奧利佛的老友，

他的管理方式很權謀。奧利佛對此不以為然，雖不想與他沆瀣一氣，但也不願危及他倆的合作，因為那是事務所成功的招牌。

有一天他從助理們口中聽到謠言，指有人要對他不利，原因是法蘭克引發的一場爭執，引起一群員工不滿，他恐怕會有麻煩。奧利佛去問法蘭克，法蘭克的答覆是反擊：「你想找麻煩就儘管找。我什麼事一概不知！」

奧利佛向來知道這位仁兄不尊重別人。他拿權力的美夢做餌好利用別人，又挑起資淺合夥人之間的衝突，以鞏固自己的地位。辦公室充斥著勾心鬥角的不良風氣。一位年輕律師有感於此，寧可求去，因為他知道一旦衝突白熱化，最先遭殃的就是最資淺的人員。

法蘭克不是扣住檔案，就是把檔案交給聽話的助理，故意讓奧利佛感到不安。奧利佛起先疏於防衛。儘管他很了解這位大學老友不在乎他人的管理風格，卻不敢相信法蘭克居然會如此對待他。最後當他發現法蘭克未事先知會他，就從事務所的戶頭裡提錢，他終於採取行動，訂出防範策略。

鼓勵虐待作法的企業組織

一旦認同，為達目的可以無所不為，企業本身也可能成為一個虐待組織，不惜摧毀他人以求成功。當扭曲的價值觀盛行，企業組織甚至透過虐待的過程，以謊言來達到企業的成長。

在競爭激烈的經濟組織裡，不少高階主管並無能力勝任其職務，只好透過摧毀式的防衛體系，靠著忽視人性、謊言和恐嚇來對付員工，並且撇清相關責任，以保住自己的職位。只在意增加獲利的企業會刻意默認主管的虐行。

法國有一家小型製衣公司便是這種管理作風的實例。該公司所有員工都是女性，包括總經理在內，唯有廠長是男性。這個小暴君對全體員工只有蔑視可言：他藉生產效率為名羞辱和傷害她們。他以種種折磨人的手法，不斷催促員工加快速度、提高產量，用碼錶計算休息時間，不放過每個羞辱人的機會。所有這些都在總經理的默許下進行，她完全知道他的作法卻不作聲。

後來工人決定發起罷工，在長達六個月的抗爭爆發之前，電視台前來拍攝這家工廠，並把焦點放在廠長身上。他即使在鏡頭前也不改侮辱女性的作風：他認為這完全正當合理，且從不曾質疑過自己。罷工爆發時，一百零八個員工中有八十五人走出工廠上街頭，要求廠長辭職。她們的訴求終獲實現，但在這之前已有六十四人遭到解雇。那位廠長的管理作風雖有媒體公開譴責，他卻很快就在規模是原來兩倍大的工廠找到工作。

權力握在施虐的個人或體系中，會成為可怕的武器。

克麗蒙絲年輕貌美，擁有商學學位，專長是行銷。畢業後她做過短期的約聘工作，之後便失業了。所以當一家成功的企業雇用她負責行銷暨公關時，她大大鬆了一口氣。這份工作之前是由總經理兼任的。在公司的管理職中，她是唯一的女性。起先是向一位同級的主管負責，那人離職後，她就直接隸屬於總經理。

此時他開始欺負她：「妳做的東西沒有半點用！」「別人會以為妳根本不懂行銷！」以前從未有人這樣對她說話，可是她害怕失去這個她喜歡的工作，所以什麼也不敢說。

總經理盜用她的點子，卻又暗指她沒有創意，只是個花瓶。她表示抗議，他惱羞成怒：

「閉嘴，趕快完成妳的工作！」他從不直接交付任務給她，只是把檔案放在她桌上，裡面附有工作指示。若她在工作上有不錯的表現，他也從不鼓勵肯定，或說一兩句稱讚的話。

公司的高階主管以男性居多，他們認同總經理，便開始迴避她並且講她壞話。由於辦公室是開放式，同事之間彼此相互監視，想要保護自己並不容易。

有一天克麗蒙絲鼓起勇氣去找總經理。他卻不答腔，眼睛還看著別處，彷彿沒聽見她在講什麼。她不放棄繼續追問，他卻裝傻：「我不懂妳在說什麼！」

雖然她的工作很需要與人聯繫溝通，但總經理卻不讓她與人當面交談，他認為那樣會打擾到他人。唯一允許的溝通方式是電郵。

這家公司的電話和電腦都以密碼鎖住。當克麗蒙絲請病假數日後回來上班時，發現密碼已改，她必須等一個與總經理走得很近的祕書來解鎖。克麗蒙絲向她抗議：「妳如果用過我的辦公室，也應該把一切復原才對！」

「別對我大聲嚷嚷，妳以為自己是誰，大家都曉得妳有病！」

後來她得知，依總經理的命令，打給她的重要電話也被同一個祕書轉接。她發電郵給那個祕書，兩人你來我往，副本也傳給總經理。總經理故意不理會克麗蒙絲，只向怕打擾到他的祕書表示沒有問題。

克麗蒙絲漸漸失去自信。她懷疑自己的作為：「我有哪裡不對，使他們這樣對待我？」她雖是以優異的成績畢業，卻開始對自己的專業能力失去信心。她睡不好，害怕必須去上班的週一早晨。她會偏頭痛和莫名的哭泣，晚上才能向她先生訴說。她沒精打彩，也不想出門或與朋友見面。

虐行若可帶來獲利，又不製造麻煩，企業往往裝作沒看見。然而企業應該是讓個人得以發展的觸媒，而非破壞的工具。

在巴瑞・李文森（Barry Levinson）執導的電影《桃色機密》（*Disclosure*）裡，我們看到公司如何縱容一個人毀滅另一人。故事發生在西雅圖一家專門做電子晶片的公司。他們與一家電腦程式設計公司合併後，需要一位執行長。梅瑞迪絲（黛咪・摩兒〔Demi Moore〕）飾）意外的獲得晉升，而經驗和資歷都在她之上的湯姆（麥可・道格拉斯〔Michael Douglas〕飾）卻被犧牲。梅瑞迪絲向來見不得別人好，所以你可能以為，她會

不動聲色的為自己的勝利沾沾自喜。正好相反，她對他的態度是「必除之而後快」！湯姆是個健康幸福的男人，家有賢妻和三個可愛的孩子。梅瑞迪絲曾是他的情婦，她奪不走這單純的幸福，便執意以性為武器要毀掉他。她頻頻勾引他，他不上勾。她便設計報復，指控他性騷擾。在這類案例裡，指控性騷擾的目的是羞辱對方，把他當物品看待，最後再毀滅他。羞辱如果還不夠，她會找出其他方法來「解決」被害人。

我們在這部電影裡，不僅見識到自戀的施虐者發動的權力鬥爭，也看見一種占用他人幸福，或可能的話還加以破壞的需求。施虐者利用了被害人的錯誤和弱點；假使這些尚不足以達到目標，她就另闢蹊徑。

無論起始點是個人之間的衝突，或是組織架構不當，公司均有責任找出解決辦法；不插手政策則坐視虐行發生。在虐行發展的過程中，必有某個時刻是公司可以拿出辦法來介入的。儘管目前企業普遍設有人資經理，卻少有公司認真考量人性因素，而會顧及職場關係的心理層面及其意義的公司更是少之又少。

然而虐行的經濟後果對企業而言不可謂不重要。工作氣氛惡化將導致集體產出效率劇降。攻擊方與被害方把主要心力用於處理彼此的衝突，有時連目擊者也無法置身事外，他們都很難專心工作。工作品質下降，再加上請假曠職的隱形成本增加，公司因此遭受的損失不可小覷。

有時情況會顛倒過來，組織變成掠奪者的犧牲品。那種無視公司利益的主管，只關心維繫某種制度，以增加和強化自身價值，以致把公司吸乾。

虐行必定是衝突的結果。了解它是源自相關人等的性格，還是公司的組織架構所導致，十分重要。並非所有的衝突都會演變為虐待，必須有幾個因素相配合：

- 工作關係非人性化
- 公司權力至高無上
- 姑息施虐者或成為其幫凶

在職場上，全部的決策者（初、中、高階主管及公司董事）都有責任介入，他們必須拒斥虐行，確保公司各層級都重視人性尊嚴。即使沒有法律規範精神虐待或騷擾，他們也有義務強調對於他人的尊重，並摒除種族與性別歧視。捍衛勞工權益的工會，也應提供阻止精神虐待及其他人身攻擊的有效保護。

我們切不可輕忽虐行，以為那是社會上免不了的罪惡。職場的虐待與經濟因素無關，而是來自組織的怠惰。

第二部　精神虐待式關係與當事者

第三章　精神虐待的誘惑期

我們從臨床案例的研究中知道，精神虐待關係會歷經兩個階段：(1)人格腐蝕，(2)公開暴力。

第一階段精神分析師拉卡米耶稱之為「洗腦」，可能延續數年。自精神虐待關係伊始，經由引誘的過程，被害者的人格一步步遭到摧毀。在這初步階段，被害者暗中受到擾亂，漸漸失去自信。

引誘是第一步，繼而是向被害者運用影響力時期，其終極目的在掌控他，讓他毫無自主能力。

這段引誘過程不僅要讓被害者無從抵抗的上鉤，更要誘惑他，收買他的心。操弄方不顧事實，祕密行事，不按牌理出牌。他使出各種花招，贏取被操弄方的欽佩，被操弄方受到炫惑，反饋給他的是正面的形象。這種過程是利用他人保護者的本能。由於施展引誘是出於自戀，所以操弄者的目的是要成為對方眼中唯一著迷的對象，也就是他自己令人喜愛的形象。這種引誘是條單行道，藉此自戀的施虐者施展他的魔力，但自己並不會陷入其中。哲學家布希亞（J. Baudrillard）認為，如此專注的引誘過程，不僅迴避事實，並在表相上動手腳。那並非正面的能量，而是有害的過程，幾乎如同一種慣性。自戀者的引誘行為，會使自己和他人的人格分界產生混淆和腐蝕。這不是移情作用，例如為了維繫熱戀之情，人們會理想化心愛的對象，不願承認對方有任何缺點；反而比較接近一種兼併，以抹滅對方為目標。被害者的存在被視為威脅，而非互補。

所謂影響期即在未經討論的情況下，引導他人以不同於他自己發乎本性的方式，思考、做出決定和行事。在此「誘惑式糾纏」期，被設定為目標者，識別力和弱點均受到影響及操控，無法事先自由的表達同意。正如所有的操控程序一般，必須先讓受害者相信他有自由意志，即便他已不自覺的失去行為自由。虐待關係中的雙方不可能進行對等的討論；施虐方一定會很小心的去影響對方，並防止他有所察覺，也不能讓他討論或反抗。受虐方喪失自衛力和判斷力，因此沒有任何反抗的可能性。像這類情況均是瞞著對方，對他行使不當而濫用的影響力。我們在日常生活中經常遭到操縱、騷擾、混淆，每當發生這種事，我們都會對加害者感到憤怒，卻更對自己感到羞愧。

在權力關係中，掌控是對心靈或精神的宰制。受害者陷入依賴狀況，變得沉默與依附。加害者透過權力所施展的引誘，讓對方顯得無助，只能表示贊成與認同。經過掩飾的威脅及恐嚇也會化暗為明，加害者必須讓對方變得脆弱，無力堅持，以便向對方灌輸他的想法和建議。強迫別人接受就表示，並未將對方視為平等的。控制的觸角有可能進到他人的靈魂及頭腦，如《精神疾病診斷與統計手冊》第四版（DSM-IV，即*Diagnositic and Statistical Manual of Mental Disorders*，美國精神醫學學會出版）所說，長期處於強制說服的環境中，如洗腦、思想改造或囚犯管訓，可能引發人格分裂。

掌控僅存在於關係的領域內：那是一個人對另一個人在智識或道德上的宰制、影響或凌駕。受害者被蛛網纏住，是任憑處置的俘虜，精神沒有自由，理智受到麻痺。他完全不知道發生了什麼事。

奪取控制權的三大要素是：

●竊取行動，剝奪對方的能力
●宰制行動，令對方陷於服從及依賴狀態
●標記元素，在別人身上留下自己的印記

掌控是否定他人的意願，腐蝕其人格，所以本質上就有確鑿的破壞性。受害者眼看著自己的抗拒力量逐步被侵蝕。他失去一切批判能力。無力反應的他實質上已「四分五裂」，被迫成為壓迫自己的共犯。這與個人意志完全無關。受害者變成物件，已無法自行思考，只能依附加害者的想法。他順服於加害者，無所謂同意或參與。

根據誘惑式糾纏策略，加害者不會立即一刀斃命的直接毀掉受害者，而是將他玩弄於股掌之上，使他漸漸屈服。重要的是維持權力和掌控。加害者起初好像沒有惡意，可是隨著受害者的反抗，手段會變得愈來愈陰狠。受害者若是太柔順認命，這遊戲就不好玩了。加害者一定要得到足夠的抗拒，又不足以威脅到他，才會想要繼續兩人的關係。遊戲要怎麼玩決定權在他。受害者不是與他互動的主體，而只是必須保持屈從的有用物件。

每個受害者都表示，當加害者在附近時自己便無法專心。加害者在中立的旁觀者面前，必定裝作完全無辜。受害者表面上的自在，與實際的難受痛苦之間有極大的差距。他們在此階段會抱怨喘不過氣來，而且不能自行做任何事，且在言談中提及自己沒有思考餘地。

受害者原本是為了取悅同伴而服從，或是因為同伴看似不快樂，想要讓他好過一點。之後繼續服從則是因為害怕。尤其在情況剛開始時，孩童為了獲得肯定，而虐待總比遺棄好，所以會願意順從。但是施虐者要的多、給的少，因此在虐待關係中暗藏著要脅，至少受害者心中會產生這種想法：「如果我更聽話，他總有一天會珍惜我或愛我。」但那是一種無止境的追尋，因為施虐者永遠無法做到這些，倒是受害者對愛與肯定的追求，會引發自戀施虐者的恨與虐心。

這是一種矛盾的狀況，因為加害者畏懼對方的力量，他愈是要抵擋這股懼怕，便愈想要掌控（若他覺得對方勝過他，其懼怕會變得幾乎難以壓制）。

在掌控階段，被害人要是行為恭順，願意安身立命於依賴之網中，他會覺得相對好過。此時暴力的暗流已形成，而且很容易浮上檯面。兩人之間的情勢已趨固定，不可能改變。兩個主角對彼此的恐懼維持著令人不安的現狀：

- 加害者受制於過往經歷形成的內在規則，導致他難以直接施暴，也可能是因為對對方懷有恐懼。
- 受害者受制於所遭到的掌控及隨之而來的懼怕，或是拒絕承認加害者對自己的排拒。

加害者在此階段會維持兩人關係處於緊張狀態，使受害者長期在壓力之下。他的掌控在外人眼中通常不明顯。旁人看不出所以然，即使證據就在擺眼前也無法辨識。對不了解虐行背景及其內情的人，令受害者難安的言語聽在他們耳裡，沒有特別的感覺。掌控階段之後是孤立過程。受害者被逼到只能被動發洩，他的行為模式會惹惱周遭的人。他也許變得脾氣暴躁、愛發牢騷或過分執著。總而言之，他會失去所有的自然反應。親近他的人不明白他為何出現這種行為，因而對他產生負面評價。孤立過程中加害者利用特別扭曲的方式溝通，例如謊言、諷刺、嘲笑、蔑視和自相矛盾的態度。

第四章　精神虐待關係中的溝通

為牢牢的掌控受虐者，加害者需要一種能夠製造溝通假象的程序：一種單向溝通，目的不在維繫關係，反倒是為了保持距離，阻止雙方做有意義的交流。這種扭曲的溝通旨在讓受虐者更易於被利用。一定要以言語操縱他，使他對受害過程如墜入五里霧中，更加不明白。阻斷真實資訊的提供，彷彿斷電般讓受害者陷入一片漆黑中，是弱化受虐者到無能狀態的重要步驟。

暴力即便不是口說，經過粉飾隱藏後，仍可透過非語言的方式或暗示加以傳達，造成受害者相當大的痛苦。

拒絕直接溝通

由於「某一方根本不肯討論事情」，所以直接溝通從來不存在。

施虐者面對直接提問只會閃避。他不發一語，你還以為那代表智慧和修養。你進入一個話不多但說詞閃爍、讓人覺得不安的世界。施虐者每每以退為進，從不直接了當。他總是聳肩或嘆息，令受害者忍不住要問：「我是哪裡得罪了他？他為什麼討厭我？」因為他什麼也沒說，所以任何事都可能是他不滿的原因。

施虐者這邊不管是責罵或衝突，只要是否定，受害者均無力抵禦，難以自保。其虐待手法就是拒不承認兩人之間有問題，且不願溝通也不願共同尋求解決之道。如果打開天窗說亮話，衝突就有可能討論，解決辦法或許也找得出來。可惜在虐待式溝通的範疇內，最要緊的是防止受害者思考、理解或反應。使衝突加劇的有效方式就是不要對話，默默的把過錯加諸對方。受害者的發言權被剝奪。他想說的事實版本，施虐者不感興趣也不會聽。

像這樣拒絕對話，等於不直接明講卻在表示我對你沒有興趣，甚至我眼中根本就沒有你這個人。你對別人只要有疑問都可以提出來，可是與施虐者交談卻是在打啞謎，什麼都不明確，造成彼此疏離。你永遠是在距離理解最遠的一端。

被害人想要直接口頭溝通未果，往往便會改用書面。他寫信要求加害者，對於他認為是在排拒他的事加以解釋；若得不到答覆後他會再寫，這次則是想找出自己有什麼過錯，才使加害者如此薄待他。他甚至願意為了合理化他的排拒，而替自己可能犯的錯道歉。

加害者有時會利用這些未回覆的信，做為對付虐待對象的武器。曾有這麼一個例子，妻子責罵丈夫說謊和不忠，兩人激烈爭吵後，丈夫告到法庭，並在庭上拿出她的信為證，說：「你們看，她自己都承認她很暴力！」

有些案例是被害人寄掛號信以求自保，卻被說成是好興訟的偏執狂。

假使被害人接到回信，通常也只是冷漠和避重就輕的答覆。有位妻子在充滿感情與愛意的信裡，對先生寫道：「請告訴我，我是哪裡令你難以忍受，才使你恨我到只能蔑視我和侮辱我的程度？你為什麼只用指摘和以偏概全的方式說話？」她得到的則是這高明的答覆，內容語氣冰冷，不帶一絲關愛之意：「我的解釋是妳所說的事情並不存在。任何事均可檢視。沒有參照標準或明顯的真相……」

無法溝通是出現在各種表達層面上。加害者面對施虐對象會顯得緊繃，身體僵硬，表情閃避：「從我一進這家公司，老闆看我的神情就一直令我不安，我老是自問有沒有做錯什麼事。」

言語扭曲

施虐者與受害者交談時，會使用冷漠、單調的語氣。那是不帶感情的聲音，令聽者不寒而慄，並在看似最無辜的言論中，留下藐視嘲笑的痕跡。即使中立的旁觀者聽來，那種語調也含著諷刺、未明言的責難，或隱藏的威脅。

曾經身受其害的人立即就認得出那種令人坐立難安、心生恐懼的冰冷語調。言談內容完全不重要，要緊的是其中隱含的脅迫。受到父母精神虐待的兒童，對言語攻擊即將發生前的語氣變化描述得很好：「有時候在晚餐桌上，他剛和顏悅色的對我妹妹講完話，語氣突然變得冰冷而銳利。我馬上知道他要轉向我，他要說的話一定很難聽。」

即使在激烈交鋒時，施虐者也絕不會提高音量，反而是對方會進入焦躁不安狀態而受責難：「很肯定的是，你只會變成一個大哭大叫、歇斯底里的人。」

施虐者習慣性的不用心把話講清楚，要不就是趁受害者在別的房間時悄聲對他說話。那樣對方就不得不走過來，以便聽清楚他講了什麼，也可以讓對方必須請自己再講一遍，這樣他便可指責對方沒有認真聆聽。

施虐者故意含糊其詞，製造混淆。事後他可以推諉：「我從來沒有那麼說過。」藉此逃避責任。他用間接方式傳送訊息，不會惹禍上身。

他有本事同時進行好幾段相互矛盾的談話，彼此之間沒有顯著的邏輯關聯。

他也會一句話只說一半，為各種誤解和誤判留下空間。或者他會語焉不詳，拒絕說清楚、講明白。例如有位岳母請女婿幫個小忙，卻出現以下對話：

「不行，有困難。」

「為什麼？」

「你應該知道。」

「不，我不明白！」

「那就想一想。」

女婿的回答很不客氣，但是語氣平和正常，幾乎是很隨意的聲音。人們遇到這種不得要領的狀況，往往會先反省自己是否說錯或做錯什麼，怪自己不好，或者生氣引發爭執，這都是合理的反應。但施虐者這麼做很少失敗，因為除非對方本身也有虐人的習性，否則多半會先怪自己。

擾亂人心的手法從來不會顯而易見。母親對想要懷孕卻希望落空的女兒說：「我的孩子我愛怎麼照顧就怎麼照顧，妳將來也一樣！」如果母親說完後馬上道歉，或講出一些藉口，你也許以為那只是一時失言。然而不時在這裡或那裡小小的刺一下，不在乎別人的內心感受，以上便是一個很貼切的例子。

另一種施虐者常用的語言策略，是以抽象、說教、理論性的話術，把對方拉進費解、未知的領域。受害者怕讓自己看起來像白癡，也不敢要求解釋。

採取冷靜、純理論的策略，可以使聽者想不通，也就無法回應。不論施虐者說了什麼，他權威的語氣給人很有學問的印象。他假裝博學，滿口術語，也不在乎其含意，只想讓聽者覺得他很厲害。聽者事後會說：「他把我唬住，我也不知道當時為什麼沒有反應！」

施虐者認為交談時重要的是形式而非內容，表現出有學問的樣子易於讓對方上勾。有位妻子想要跟先生討論兩人的關係，先生卻以說教的語氣答道：「妳提的是有問題的問題，是讓男人不舉的女人的通病，妳們總是把自己的肉慾投射在男人身上。」

這些激烈的、像是精神分析式的解讀，成功的打亂了受害者的思路，使她很難扭轉情勢到對自己有利的方向。受害者也說，施虐者的論點往往亂槍打鳥到可笑的程度，然而這種妄言妄語確實令人生氣。

另一種施虐法是自以為是的拼湊受害者的意圖，或是猜測其心中祕密，彷彿施虐者比受害人更了解對方腦袋裡在想什麼：「我很清楚你討厭某某某，你一直在找理由對他避不見面！」

謊言

加害者不是直接撒謊，而是先交錯利用暗諷及非口頭暗示來製造誤會，之後即可再把誤會利用於對自己有利。

孫子在西元前五世紀的論著《孫子兵法》裡教導我們：「凡戰者，以正合，以奇勝。」傳達不完整、相互矛盾的訊息，正是擔心對方會有什麼反應而來。加害者說得頭頭是道，卻很隱諱，還冀望對方了解。他所說的話多半只能在事實發生後解開謎底，從結果才推斷得出原因。

言不及義是處理某些情況的妙方。

非直接的指控聽起來或許很普通，甚至沒有惡意，可能只是拐彎抹角罵人：「女人好可怕！」「職業婦女當然不怎麼做家事！」若伴侶抗議，又會馬上改口：「我又不是在說妳。天啊，妳實在太敏感！」

在脣槍舌戰中占上風是首要目標，可是直言無隱會被伴侶指為獨裁。不如用暗箭傷人的技巧，動搖和侵蝕對方的人格，導致對方懷疑自己是否真的受到不當對待。

另一種間接謊言存在於不確切的回答或答非所問，或為轉移焦點而攻擊。當妻子質疑丈夫是否忠實，他卻答道：「你這樣疑神疑鬼，恐怕自己也有責任！」

謊言也可能藏在細節裡。有個妻子指責丈夫帶著女孩到鄉下待了八天，先生的答覆是：「妳才說謊。一則我們去了九天，不是八天；二來我帶的是女人，不是女孩！」

加害者不管說什麼，總有辦法顛倒黑白，證明自己是對的，尤其當受害人已心神不寧，又不喜歡爭辯。受害人之所以不安，是因為真相與謊言一直混淆不清。

唯有在破壞階段，惡形惡狀的自戀施虐者才會直接說謊，下一章會加以討論。此時即使證據就在眼前，謊言仍會滿天飛。能夠讓受害人相信的主要是看似誠懇的謊言。無論謊扯得多大，只要加害者鍥而不舍，定會獲得最後的勝利。

真相和謊話在虐行中不具意義：施虐者當下說了什麼，真相就是什麼。這些對事實的扭曲往往接近信口雌黃。每個另有所指的訊息，即使已昭然若揭，也不容許對方多想。既然外表看不出施虐的痕跡，就等於虐行不存在。說謊出於一種需求，可以把妨礙自戀者利益的事情，當作不存在。

以上策略顯示，惡劣的加害者是如何把自己包在神祕的光環內，毋須多言就能誘使對方相信自己：隱諱是為了默默顯露。

運用諷刺、嘲笑、輕蔑的技倆

輕蔑和嘲笑是做給外人看的：貶低討厭的伴侶，看不起他的想法和作為，甚至延伸至他的親友圈。蔑視是弱者的武器，是對抗不想要的感覺的擋箭牌。施虐者躲在譏諷和幽默的面具後面。

嘲笑和藐視特別會針對女性。在兩性的虐待關係中，虐待的手法常常是否定女性的性別。自戀的施虐者不承認女性有完整獨立的人格。任何對女人的嘲諷都令他們樂此不疲。這種態度可能因旁觀者的贊同而更過分，請看以下的例子：

在美國國家廣播公司（NBC）的某個談話性節目上，一對年輕情侶進行公開討論，他們的問題是：「他因為我不是頂尖模特兒而受不了我。」年輕男子解釋其女友（也是他孩子的母親），並非他終極渴望的理想對象；她不苗條、不性感，牙齒和胸部也不完美，所以她不是佳偶。他的理想對象是女星辛蒂・克勞馥（Cindy Crawford）。他把女友說得一文不值，害得女友忍不住哭起來。他卻面無表情，不做任何安慰。

接著由現場觀眾表達意見。女性觀眾當然對那名男子的態度表示抗議，有些則建議其女友如何改進自己的外表，但是大多數男性觀眾只是好整以暇的坐著，甚至還加入批評那名年輕女子的長相。

節目中請來的心理學家則向大家說明，只要看一眼雪莉，就知道她不像辛蒂・克勞馥，可是巴伯還是很愛她，想要跟她生小孩。然而卻無人質疑節目製作單位和觀眾的自鳴得意，或是想過那名女性所受到的屈辱。

嘲笑可以針對任何人事物。一貫採取這種態度可以驅散猜疑：它是一種輕鬆的行為方式，卻能製造不愉快的氣氛，把溝通導向虛偽、無誠意的層次。

刻薄的言論（傷人的實話）或誹謗的言論（謊話）往往源自嫉妒。因此：

●與老男人在一起的漂亮女孩是妓女。

●要求高的女人在床笫間吃不開。

●著名的電視女主播顯然跟所有人都上過床才有今天的地位。

●同事能夠成功全靠「犧牲色相」。

大多是女性因為性別的關係，成為嘲諷的目標。

取笑別人可以顯得自己英明。英明的人就有權開某個人或某件事的玩笑，觀眾還會站在他那一邊。

其方式可能是直接：「我跟你說，你不知道……吧！」或間接：「你沒看見她……有多糗吧？」

受虐者完全接受加害人對其圈子（親朋、同事等等）的批評，終至認為他批評得有理，這種情形並不少見。

挖苦和刺人的言詞得到接受，是因受害者覺得，要與性感、有魅力但難相處的情人維持關係，就必須付出這種代價。

加害者自己不想滅頂，就得把對方壓在水裡。為此他會耍一些擾亂人心的小手段，最好是在公開場合，先從誇張描述無傷大雅、有時還是私密的事件入手，並在在周遭同伴中找人與他唱和。

這樣做是要讓受害者出糗。對方感受到敵意，但無法確定那是不是幽默。加害者看似在逗樂，其實是在攻擊對方的弱點：「蒜頭鼻」、「飛機場」、「老實木訥」……。

攻擊是透過明捧暗貶以及意在言外悄悄進行。你很難明確指出它是從什麼時候開始的，又或者是不是真的攻擊。加害者絕不會讓自己被拖下水，他經常顛倒是非，反指受害人居心不良：「如果你認為是我在整妳，那是因為妳才想整人！」

如我們在臨床病例上所見，給對方取個古怪可笑的綽號是普遍的手法：胖妹、林黛玉、大笨牛。這些綽號就算傷人，但已經順服而能自嘲的受害者大多會接受。

所有這些令人不快的話語會製造傷口，施虐者並不會示好以求彌補。他無視於所造成的痛苦，還會再拿它來開玩笑。

在這種語言攻擊、諷刺和奚落中，也有花招可耍：與對方爭辯並逼得對方反抗，以從中取樂。如前面所說，自戀的施虐者喜歡爭執。他可以今天贊成某個觀點，明天又為相反的意見辯護，只是為了炒熱討論氣氛或故意要嚇人。假使對方的反應不夠強烈，只要多煽風點火幾分即可。而受害的伴侶反應不足的原因，在於已太習慣為施虐者找藉口，也因為施虐者的手段太厲害。如果攻擊態度來得太突然，通常會引起憤怒，可是漸進式的進行就能化解任何反抗。等受害者幾乎習以為常時，才會注意到其話中的侵犯意味。

自戀的施虐者常把旁觀者哄得團團轉，他們渾然不知受害者經歷的屈辱。常見的情況是，施虐者不管周遭的人願不願意，就把他們變成他虐行的共犯。

簡言之，想要擾亂別人就得：

- 譏笑他的信念、政治抉擇和喜好
- 不再直接對他說話

- 公開拿他開玩笑
- 在旁人面前讓他丟臉
- 不給他有任何表達意見的機會
- 用他的弱點捉弄他
- 做刻薄的指涉卻不肯解釋
- 質疑他的評判力和決斷力

利用矛盾

《孫子兵法》也教導我們，要打勝仗必須在尚未開打前便分化敵軍。「故善用兵者，屈人之兵而非戰也……利而誘之，亂而取之，實而備之，強而避之，怒而撓之，卑而驕之，佚而勞之，親而離之。」

精神虐待者在行動時，懷有動搖被害者立足基礎的企圖，要使他懷疑自己的想法與感受。被害者失去自我存在感，不能思考、不能理解。虐行的目標是透過癱瘓對方的行動能力並奪走他的人格來否定他的存在，以防範出現衝突。施虐者可以攻擊卻不把對方完全擊倒，以便對其予取予求。

他是用雙重的禁制來達成目標：口頭上說一套，舉止態度表達的卻正好相反。由明顯的訊號以及施虐者不承認的暗示，形成矛盾的訊息。那是擾亂被害者十分有效的招數。

矛盾訊息的呈現方式，即在日常生活中無關緊要的事情上種下疑心。最後被害者基礎動搖，無法辨別誰對誰錯。例如對伴侶提出的建議表示同意，卻又露出不一致的表情，代表言不由衷。

話說出去後雖立即收回，但還是留下痕跡，聽者就會起疑：「他真的是那個意思，真的說了那句話嗎？還是我自己多心誤會了？」被害者要是說出心中疑慮，就會被指為疑神疑鬼，話都聽錯了。

矛盾最常發生於說話內容和表達方式不符的情況。這種不一致會誤導旁觀者，對兩人的對話產生完全錯誤的理解。

另一種情況是不用明說，即能讓對方感受到緊張和敵意。也許是施虐者拿東西出氣的間接攻擊，如用力關門、亂砸東西，卻否認是故意的。

充滿矛盾的一番話會讓被害者不知如何是好。不太確定自己的立場是什麼，便不免誇大自己的感受或為自己辯護。

相互抵觸的訊息不易追究。施虐者以混淆視聽和製造不安為目標，使被害者陷入矛盾的情緒和感覺，好讓他維持掌控。施虐者把他推進尷尬不已的境地，務必讓他永遠站在錯的一方。雖然之前已經提過，但仍要不厭其煩的強調：這種種計謀都為了控制被害者的感受和行為，甚至一定要讓被害人否定自己，把宰制的空位留下，由施虐者來填補。

被害者基於和諧，通常會全盤接受加害者所說的話，無視於不斷傳來非語言的訊號：「當我揚言要離家出走時，我先生說，他真的很在乎我們的關係。儘管他傷害我、羞辱我，這應該有幾分真心在裡面。」

與自戀的施虐者打交道不同於一般的衝突，你沒辦法真正的「對打」，也不可能和解。他從來不會大聲咆哮，只會露出冰冷的敵意，受虐者如果對此提出質疑，他肯定不承認。受虐者則感到緊張、過度激動，甚至哭出來。此刻施虐者不免拿對方的怒氣來取笑，並把兩人的問題說成是荒謬可笑。

即使爭執白熱化，再也掩蓋不住，可是受虐者不確定自己的立場，所以衝突的真正緣由從來不曾說清楚。她始終覺得遭到排斥，並且積怨已深。可是模糊的印象、直覺和情緒怎麼表達？沒有一件事能夠說得清楚。

這些擾亂技巧每個人都會使用，但施虐者的做法是有系統的，而且沒有任何的補償或歉疚。

施虐者以矛盾訊息妨礙溝通，受虐者不了解狀況，便無從適當回應。受虐者拚命想要解決問題，卻總是徒勞無功，到頭來不管他多麼堅強，還是免不了感到絕望或沮喪。

這種溝通對應著內在的向心力，於是有一段時間彼此關係會處於某種平衡。這種平衡防堵了可能導致分手的因素，使痛苦的虐待關係保持一定程度的穩定。在其他情況下，受害者別無選擇，只能投降。

在虐待式的溝通中常出現微妙訊息，受虐者起先並不認為這些具有攻擊性或破壞力，因為施虐者會同時傳達其他訊息，造成干擾。受虐者往往要到脫離精神虐待之後才恍然大悟。

她長大成人後才明白，十幾歲時繼父寄給她的沙灘裸女明信片有曖昧之意。繼父寫著：「我經常想念妳！」當時她以為那是父愛的表現，如今卻感到憤怒。其他過去她不懂但感覺不舒服的訊息，例如繼父老盯著她的胸部或講黃色笑話代表的意圖，也因為現在的體悟而撥雲見日。

這個拉卡米耶界定為「準亂倫」的例子顯示，精神虐待與性虐待的界線可能多麼模糊。這兩種虐待均把被害者當成物品。洗腦貶低對方的價值、否定其人格之外，也會影響周遭的人，使他們看不清誰說了什麼、做了什麼。除了一定要讓被害者無所作為、默不作聲，也必須使他的家人、同事、朋友完全在狀況外。

轉移罪惡感是另一個常見的情況，加害者把內疚重擔全部交由被害者承擔。被害者向內投射的結果，形成「都是我不好」症候群；加害者則是以怪罪對方：「都是他／她不對！」向外投射其罪惡感。

否定人格

腐蝕人格包括抹煞受虐者的一切優點，並一再強調對方毫無價值，直到他本人最後也相信。

前面曾提到，這是經由檯面下的非語言溝通策略來達成：輕蔑的表情、「實在太過分」的嘆息、令人不安或惡意的暗示、令人不快的刻薄話、以幽默偽裝的間接批評等。

由於這類攻擊不是直接的，所以人們幾乎不可能認清真相，也就無從抵禦。當自我意識脆弱、缺乏自信的人，或是孩童，聽到這類貶抑的話，就容易吸收內化，以為那是事實。「你什麼事都做不好。」「要是沒有我在身邊，誰會理你，少了我你只會孤零零的！」加害者把受虐者吃得死死的，並用歪曲的事實欺騙對方。

受虐者一旦直接或間接聽說自己一無是處，人格就會漸漸瓦解，以致應驗那種說法。由於加害者表示那是事實，受害者無法正確檢視其真偽，自我便跟著消失。

以矛盾、謊言以及其他手段，對受虐者人格的否定與破壞，還會從對象本身向外延伸至家人、朋友和往來的圈子。「他認識的都是一堆蠢才！」

如此用盡心機的目的，就是使受虐者更嚴重的自我否定，並提高加害者的自尊。

分化與征服

孫子又云：「故死間為誑事，可使告敵；因是而知之，故生間可使如期。」

自戀的施虐者很擅長挑起人與人之間的衝突，激起嫉妒與對立。他會用下列方式，得逞於無形之間：(1)迂迴的引起懷疑：「你不覺得某某人是如此這般嗎？」(2)把張三批評李四的話透露給李四：「你的兄弟告訴我，他認為你做人很差。」(3)用謊言煽動別人敵對。

施虐者最大的樂趣就是有某甲要毀掉某乙，看著那兩人自相殘殺，結果兩敗俱傷，而他漁翁得利，絕對的優勢更為加強。

在職場上這會轉化為八卦、影射，或偏袒特定員工以及賞罰不明。傷人於無形的謠言也由此而生，受害者卻找不出謠言從何而來。

在感情關係中，以暗示和影射製造懷疑與妒忌，是使伴侶痛苦和更加依賴的有效招數。

莎士比亞四大悲劇之一的《奧塞羅》（*Othello*），整個劇情就是在講激起別人妒忌的故事。劇中主人翁奧塞羅本性並不善妒，他被形容為高貴、慷慨、不相信世間有邪惡存在。他沒有仇恨心，連暴力也談不上。但是伊阿古（Iago）狡詐的操弄使他變得妒忌。奧塞羅很信任妻子黛絲德夢娜（Desdemona），也一樣信任伊阿古，起初他無法想像妻子會對他不忠。伊阿古則在一段知名的獨白中宣稱，他喜歡為邪惡而邪惡。後來他承認，對於正直者卡西奧（Cassio，即奧塞羅的副手，被指與其妻有染）的「尋常之美」及黛絲的純潔，感到震驚，便起意要毀滅那美德及純潔。他樂於當小人、搞陰謀。

挑起妒忌也是施虐者坐穩宰制地位，並看著受虐者又氣又恨的招數之一。受害與加害的關係就是如此。施虐者主導一切，卻不會「弄髒手」。基本上施虐者是心懷羨慕，透過引誘對方產生妒忌，而把受虐者拉到與他同一水平，意即「你我都是半斤八兩！」

我們常看到，受虐者不敢直接攻擊施虐者，而以嫉妒來避免衝突，並始終想護著施虐者。在這種情況下，身為施虐者利用的第三者也比當受虐者容易。

展現強勢

施虐者的邏輯是弱肉強食，他作風強勢並展現在言談之間。施虐者企圖給人一種印象，他懂得比較多，因此握有真理，而且是唯一的真理。他說話一言九鼎，好像放諸四海皆準。施虐方「就是知道」他不會錯，他想讓受虐方信服，所以逼對方接受他的主張。譬如他不說：「我不喜歡某某人」，而是說：「某某人是個蠢蛋。這是大家都公認的，連你也不會否認！」

然後他繼續推論，把自己的主張說成是公認的前提。聽者心想：「他說的應該不會錯，他好像很有把握。」自戀的施虐者能吸引缺乏自信、認為別人懂得多的人。對於較脆弱的同伴，施虐者能給予相當程度的安全感。

這種自負、什麼事情都有所預謀，與偏執狂的心態相距不遠。偏執狂即使看輕他人的動機各有不同，但他看每個人總是看到負面的部分。這有時與對方的罩門或弱點有關，然而通常只是外在情況造成的巧合。

虐行宰制的過程是逐步完成的：受害者先是屈服，然後被掌控，人格一塊塊瓦解。倘若對方反抗，施虐者更會鎖定侵犯的意圖和惡念。無論是哪種情況，施虐者會發動以恐懼為武器的攻擊，目的是令受害者完全服從。受害者必須照他的標準行事，想法也要得到他的認可，不能有自己的判斷與批評。受害者的存在只是為了扮演被指定的角色。加害者要消滅其人格，讓對方失去自我，以抹去受害者與他之間的任何差異。

加害者利用這種影響力為自身謀取優勢，並以犧牲受害者的權益作為代價。受害者與他形成一種依賴的關係，這種依賴是他加諸對方，並且由他一手造成的。每當自戀的施虐者表現出自己的依賴需求時，他的做法又必定不會讓這股需要獲得滿足。一來可能是他的要求超出對方的能力，於是他可利用機會，指責對方一點也幫不上忙；二來也可能是，他在對方無法回應其需求的時刻提出要求。他故意招來拒絕，這讓他可以證明，人生正如他所料的那般。

精神虐待不同於濫權或暴虐。暴虐是以強迫手段取得權力，其壓制顯而易見。對方明顯握有權力，所以另一方得服從。至於直接濫權，則是為了操控與宰制。

從愛因斯坦與第一任妻子的書信中可以看到直接濫權的例子。他受不了妻子米列娃•馬利奇（Mileva Marić），也就是他兩個孩子的母親在身邊，又不願主動提分手，便訂下嚴苛而侮辱人的共同生活規範：

A. 你應負責：

1. 我的內衣褲和床單要整整齊齊。
2. 準備我一日三餐在辦公室吃。
3. 我的臥室和辦公室永保整潔，我的辦公桌除了我誰也不能碰。

B. 你斷絕與我的一切個人關係，除了為保持表面和樂所必要者。

尤其你不可要求：

1. 我在家裡陪你同坐。
2. 我與你去旅遊。

C. 你要明確保證遵守以下規定：

1. 勿期待我的愛，也勿因此責怪我。
2. 我對你說話時要立即回答我。
3. 在我要求時，你要馬上離開我的房間和辦公室，不可抗議。
4. 你保證不在孩子面前以言行詆毀我。

此處的濫權十分明顯，甚至形諸文字。而精神虐待的宰制則是暗地裡進行，不會公開承認，並經常披著溫文、仁慈的外衣。被害者受虐卻不自知，有時甚至以為控制權在自己手中。在精神虐待裡絕不會有公開明顯的衝突。暴力因施虐和受虐雙方的關係嚴重扭曲，而在檯面下暗潮洶湧。

第五章　精神虐待的其他階段

受害者若想抗拒被掌控，即會遭到仇視。在仇視階段，原本僅作為具利用價值而存在的受害者，變成了不問手段必除之而後快的危險人物。施虐策略於是走上檯面。

恨意表面化

當受害者有所反應，企圖恢復自己的人格，找回一點自由，仇恨階段便會明顯啟動。受害者的內在有某種東西被觸動，讓他說出：「我受夠了。」或許是外在因素使他意識到自己失去自由（有時是在目睹加害者對他人施虐之後），也或許是加害者已另有潛在目標，而企圖以加重暴力以便趕走「現任」受害者。

當受害者看似想逃走時，加害者會感到恐慌狂怒，一發不可收拾。

當受害者表達自我感受時，加害者必會封住對方的口。

這是仇恨的極度暴力階段，充滿卑劣的打壓和羞辱；受虐者處處遭受譏笑嘲諷。施虐者以挖苦為盾牌，避開他最最害怕的一件事：溝通。

受虐者想要溝通，就會疏於防備。他愈不設防，愈會遭到攻擊，所受的苦也愈多。加害者無法忍受這種痛苦的場面，便又增強攻擊的力道，以令受虐者噤聲。只要受虐者露出弱點，馬上會被用來對付他。

在前一階段恨意已然存在，只是經過轉移和掩飾，以維持關係的僵化。如今一直暗藏於檯面下的恨意終於浮現。毀滅計畫具體成形。

與一般認為的相反，這不是由愛生恨，而是因妒而恨。這也不是既愛又恨的狀況，因為施虐者從未真正愛過。根據法國精神科醫師摩里斯．厄尼（Maurice Hurni）與喬凡娜．史朵（Giovanna Stoll）的看法，兩人認為虐待關係是一種對愛的仇視。一來在這關係中沒有愛，只表露出欲求，欲求的對象並非受害者本人，而是對方所擁有而施虐者想占為己有的東西。其次是隱藏著恨，這與從受害者身上無法滿足所有欲求的挫折感有關。恨意一旦明示出來，會連帶產生消滅受害者人格的想望。就算隨著時間過去，施虐者也放不下他的恨。別人或許看不清他仇恨的動機，他自己卻很清楚，因為對他而言事情就該如此。

他合理化恨意的方法，是怪罪受害人壓迫他，所以他是正當防衛。此時他與偏執狂病患一樣，受一種被迫害的情結纏身：他預期別人會因防禦機制而做出惡意侵犯行為。有任何差錯都是別人不對，是那些人耍陰謀詭計，聯合起來反對他。

加害者的恨反映出依據他的想像，受害人對他有多少恨意。他把對方看作破壞、暴力、致命的怪獸。其實受害人在此階段感受不到恨或怒，如果感受得到，至少可以促使他先行自保。施虐者把最邪惡的意圖安在對方身上，因預期對方會採取行動，所以先下手為強。受害人在他看來永遠心懷不軌。

把仇恨投射到他人身上，使加害者得以避免出現更嚴重的精神症狀。同時也可以在建立新的關係時，保護他不要對新伴侶懷有不自覺的恨。把仇恨集中在前伴侶的身上，便能將所有的美德加諸新人。當「被恨的」受虐者發現，自己成為對方強化新關係的犧牲品，不免覺得再一次受到欺騙和操弄。

自戀施虐者的世界分成好壞兩半，待在壞的那一邊沒有幫助，然而分開與保持距離也緩和不了恨意。

在仇恨過程中，彼此懼怕對方：施虐者懼怕他認為受虐者所擁有的無比力量；受虐者懼怕施虐者施加的心理暴力，有時更是肢體暴力。

虐行開始起作用

這是冷酷的言語暴力，充滿鄙視、隱藏的敵意以及高傲傷人的侮辱。破壞效應來自看似無害且持續的攻擊，一次又一次，受害者明白那是永無止境的。每一次的受辱都令人想起過去的羞辱，想忘都忘不了；受害者只想忘記，加害者卻不容許。

表面上外人看不出蛛絲馬跡，或是幾乎看不見，直至發生一次嚴重虐行，震驚了家人、機構或某些人。如果發生這種情況，很少是肢體暴力，而加害者通常是在受害者出現過度明顯的反應後施暴。這也使之成為完美犯罪。

精神威脅總是間接且經過遮掩：透過（受其操縱的）共同友人或子女，確保讓被害人知道，不遵從加害人的意願會有什麼後果。他也會寄信或打電話，這常被受害人視為地雷或定時炸彈。

當前面談過的檯面下暴力（勒索、恐嚇、隱藏的威脅），參雜真實的暴力行為（最嚴重的甚至是謀殺），精神暴力就陷入失控狀態，因為施虐者甚至間接殺人，或更正確的說，致使被害人自殺。

遭逢危機或在情緒激動的時刻，恨意不會明顯表現出來，卻一直存在著，日復一日或每週數次的暗示，讓被害人不得安寧好幾個月，甚至好幾年。表達恨意的方式不是發脾氣，而是以冰冷的語氣，陳述真相或明顯的事實。加害者知道該怎麼施虐以及拿捏輕重，若感覺對方反抗就會暫退一步。

有目擊者在場時，攻擊會化成許多小動作。一旦被害人掉入「挑撥」的陷阱而開始大聲辯解，便顯得是他在發威，而加害者就可以假裝自己是受害者。

含沙射影往往針對兩人才懂的事，只有被害人心知肚明。常有法官在釐清這類複雜的離婚官司時，儘管內心懷疑，也盡量小心謹慎，卻仍會感到困擾，甚至被操縱。

美國芝加哥大學精神醫學系教授艾米爾．柯卡洛（Emil Coccaro），在一項侵犯生物學（biology of aggressiveness）的研究中，稱此為「掠奪式侵犯」（predatory aggression）。

施虐者選定對象，並像掠食性動物般糾纏其獵物，並預謀攻擊。虐行因而成為施虐者得以達到目的的手段。

精神虐待的暴力是不對稱的。所謂對稱的暴力，是指對峙的雙方均接受衝突並相互攻擊。精神虐待則相反，施虐者自認地位優於被害人，被害人通常也同意此看法。法國精神科醫師雷納多．培洪（Reynaldo Perrone）稱這種不正派的暴力為「懲罰式暴力」（punitive violence）。這種情況沒有中止，也不會和解，被壓抑和隱藏的暴力往往得關起門來進行，兩個當事者都不會與外界討論內情。施虐者認為被害人是自取其辱，無權抱怨。要是對方有所反應，不再是順服的「物品」，就會被視為具威脅性或攻擊性。原本的施虐者扮演起被害者的角色，讓真正的受害者因罪惡感而壓抑自己的防禦反應。受害者每一個情緒性或受傷的反應，都帶來更嚴重的精神暴力，或轉移操弄的焦點（漠不關心、假裝驚訝等等）。

接下來的過程則交替循環：施虐者只要看見心裡怨恨的被害人，便會升起冰冷的怒氣，而被害人只要一看到折磨他的人，就感到心驚膽戰。

施虐者絕不放過他相中的獵物。他經常會出現這類的公開宣示：「從此以後，我人生的唯一目標就是讓對方活不下去。」然後他會致力於實現這個目標。

如此惡性循環一旦啟動便無法自行停止，因為雙方病態的劇碼只會有增無減：施暴者愈來愈暴力和過分，被害人愈來愈無力和受傷。沒有證據能夠證明實際發生了什麼。肢體暴力提供了外在證據：目擊者、警方和驗傷報告。精神虐待卻不會留下證據。那是「乾淨」的暴力，誰也看不到什麼。

受害者被逼到牆角

在前面的掌控階段，自戀施虐者的主要行為是。壓制被害者的思考能力。到下一階段，施虐者挑起被害者的感覺、行動和反應，而且是在他一連串的策略性指令下。若被害者以虐待式的防禦策略，「勝過」加害者一籌，那這場戰爭只能在較不惡毒的一方投降時結束。

加害者會設法讓被害者對他不利，以便指責對方為「惡人」，讓對方成為挑起衝突的罪魁禍首。他利用被害者的某個弱點，如性情憂鬱、歇斯底里或喜怒無常，並把它過度誇大，讓被害者也認為自己有問題。加害者逼迫對方犯錯，然後大肆批評或詆毀，藉以強化被害者的不良自我形象和罪惡感。

若被害者失控得不夠嚴重，加害者只要加碼注入一些挑撥和鄙夷，即可收到反應，然後再讓對方為此蒙羞。例如對方的反應若是憤怒，加害者一定會讓大家都看到，外人甚至還會覺得有必要報警。我們也看過加害者如此慫恿被害者的案例：「可憐的你，眼看人生無望，真不知道你為什麼沒有從窗戶往下跳！」加害者很容易在事後把被害者描述成精神有問題。

受害者感覺自己被逼到角落，他必須有所行動，但因受到對方掌控，行不得也，只能用極端的姿態或嚴重的情緒爆發，企圖找回自由。在外人看來，任何衝動之舉，尤其是暴力行為，都屬於不正常。受到挑釁而回應的人好像應為引發的危機負責。這時，受害者在加害者眼裡是有罪，在外人眼中則如同施暴者，但外人並不了解，受害者再也無法活在這種可怕的處境下。他進退維谷，無論怎麼做都得不到自由：如果他有反應，就得為引爆的衝突負責；如果沒有反應，對他心靈的致命糾纏就不會停止。

施虐者把受虐者推向毀滅之際，從指摘其缺點或激起其暴力中，可以得到極大的樂趣。

他讓對方覺得自己低下而沒有價值，並根據對方的反應把他講成易怒或神經過敏、酗酒或有自殺傾向。受害者感到無力自保，只能試圖為自己開脫，就彷彿他真的有罪。於是加害者的樂趣加倍，他哄騙或羞辱受害者，又在他受辱後摸摸他的鼻子。

受害者無法擺脫罪惡感，加害者卻從中受益，讓自己看起來像無辜受害的一方。沒有說出來，也沒有責備，就無從辯解。

受害者急欲為這可怕的僵局找到出路，不免也想要運用暗示與操弄。於是兩人的關係變得模糊不清：誰是加害者，誰是受害者？

對加害者來說，理想的結果是成功的把對方打入「邪惡」的一方，讓邪惡變成常態，因為現在雙方都是邪惡的了。他想把自身的壞注入對方，帶壞被害人是終極目標。他最大的滿足在於逼使迫害的對象做壞事，或是玩得更大，讓好幾個人涉入，互相整垮彼此。

不管是性虐待或精神虐待，施虐者都企圖讓對方與自己同流合污，扭曲既有的規則。他的破壞力，取決於在被害者的家人、朋友或同事間散播多少不實的宣傳，讓被害者顯得有多麼「邪惡」，這時指責被害者就合情合理了。有時他靠著嘲諷和藐視社會的道德觀而得逞，甚至騙到同路人與其結盟。

未能把他人牽扯入暴力的領域，對施虐者而言是一大失敗，所以這也是阻止精神虐待擴散的唯一途徑。

第六章　施虐者

任何人在遇到危機時，都可能運用虐行策略自衛。自戀性格特徵其實也相當普遍（自我中心、需要讚美、不容許批評），但這些不見得是病態。更何況每個人恐怕都曾為取得優勢而操弄過別人，正如人人都有過一閃而逝想置人於死地的恨意。一般人與施虐者的差別在於，我們的虐行與感覺是短暫的，事後會後悔自責。神經過敏者會在乎自己周遭的事，因此產生許多內在衝突。惡毒的施虐者則是利用別人再將其毀滅，並且絲毫沒有罪惡感。

許多精神分析師認為，每個人內心多少有點惡毒，這是我們為了自保產生的意識，但是反常的自戀者只是為了滿足自己的破壞衝動。

自戀的虐待行為

反常（perversion，源自拉丁文per-vertere，意為返回、反轉），最早在一四四四年進入法文，原意是從好轉壞。今日公認的字義帶有道德判斷的意涵。

十九世紀時，精神科醫師為了在醫學法律層次上，替行為反常的人卸除責任，又不想把這種人判定為精神病患。於是他們把反常定義為出於本能的越軌，包括社會和道德兩方面。

畢乃爾（Pinel，法國精神科醫師，精神病患因為他而獲得較人道的治療）於一八〇九年，把與多種本能相關的病態：反常、反社會行為、縱火狂、竊盜癖等等，重新歸類到「非精神錯亂之瘋狂」項目下。

再來是克拉夫特埃賓（Krafft-Ebing，德國精神科醫師），把反常的定義集中於性變態。

自戀一詞與同性戀扯上關係，首見於一九一〇年佛洛伊德的主張。後來他把自戀區分為原發及次發。原發型自戀的概念在精神分析的著作中有許多變型。

形容詞「反常」（perverse）的含意曖昧，可對應到兩個名詞：惡毒（perversity）及性變態（perversion）。自精神分析的觀點看，性變態是與標準的性行為（以自陰道插入尋求達到性高潮的性交）有所偏差，而惡毒意指個性及行為殘酷或懷有特定惡意。貝吉瑞（Begeret，法國當代精神病學家）則區分性格變態（即性情殘酷者）與性變態。

精神分析師拉卡米耶是最早闡述惡毒自戀者概念的專家之一。此外，艾柏托・恩古爾（Alberto Einguer，法國當代精神病學家）所下的定義是：「惡毒自戀者指在膨脹的自我影響之下，企圖與另一人建立聯結，特別是為了打擊對方帶自戀意味的完整人格，以達到卸除對方防禦的目的。他也打擊對方的自愛、自信、自尊和自我信念。他同時想要讓對方相信，是對方拚命抓著他不放，而這種依賴是無可取代的。」

自戀的施虐者被視為無症狀的精神病患，他們把自己感覺不到的痛苦，及拒絕承認的內在衝突，加諸他人身上，藉以取得平衡。他們使壞是因為沒有別的生存方式。他們本身在童年時期受過傷害，於是這成為他們嘗試生存下去的方式。犧牲他人，轉嫁痛苦，可以使他們獲得自信和自尊。

自戀性格

自戀性格的異常行為，在以下幾種徵兆中至少會出現五種：

- 誇大的認定自己有多麼重要
- 對無止盡的成功與權力懷抱幻想
- 認為自己獨一無二，「世間少有」
- 過度需求他人的讚美
- 認為一切都是別人欠他的
- 利用與他有關係的人
- 缺乏同理心
- 經常羡慕他人
- 暴露出驕傲自大的態度與行為方式

奧圖．肯柏格（Otto Kernberg，美國精神分析師）對病態自戀行為的描述（一九七五），很接近我們當前的定義：

「自戀者的主要性格特徵是浮誇、極度自我中心、對他人完全缺乏同理心，卻渴望讚美及肯定。這種病人極為嫉妒那些擁有他缺乏的東西的人，或是活得很愉快的人。他不但沒有深沉的愛的感覺，無法了解別人複雜的情感，而且自己本身的情感只有單一層次，且來得快也去得快。尤其他不能真正感受到悲傷、失落和悼念；像這樣缺乏體驗抑鬱反應的能力，是其性格的一個基本要素。假如他被遺棄或感到失望，表面上看起來可能是難過，但是仔細檢視，那更像是憤怒或怨恨加上想要報復之心，而不是對於失去所珍惜的人深感悲哀。」

古羅馬詩人奧維德（Ovid，在其詩作中曾寫到關於自戀的希臘神話）筆下的自戀者（因愛戀自己水中的倒影而溺死），自以為看著鏡子就找到了自我。他的人生就是為了尋找映照在別人凝視裡的自我。別人的存在並非獨立個體，而只是一面鏡子。自戀者是個空殼，不是真實的存在；他是個「假」人，製造假象以掩飾本身的空虛。他的宿命就是企圖逃避死亡。因為他從未體認到自己是一個實體，而不得不建構一個鏡子遊戲，以給予自己存在的幻覺。就算鏡子遊戲像萬花筒一般，一再自我重複與加倍，他的主體性卻只是建立在空無上。

從自戀轉向虐待

沒有主體的自戀者會吸附於別人身上，像吸血蟲那樣吸走對方的生命之血。由於他無法進入真正的關係中，只能依循有害的惡意虐待的框架，與他人建立關係。施虐者從他人的疑惑與痛苦中，無疑的可以感受到極大且根本的快樂；他也以壓制和羞辱他人為樂。

虐待過程的根源，始於自鏡像裡製造出空虛的自我，如同模仿真人建造的機器人，擁有生命的形體與功能，卻沒有生命。性變態與惡意是這種空虛架構必然的結果。自戀者有如吸血鬼，需要另一個實體提供營養。當自我的生命不存在，你就會想要去占有別人的，如果得不到，就乾脆毀掉它，讓大家都活不成。

施虐者內心住著一個不可或缺的「他者」，這個「他者」並不代表施虐者真的有雙重人格，他就只是施虐者的反射鏡像。也因為如此受害者會產生一種印象：自己的人格被否定，他並非獨立的個體，而是一面鏡像。任何使這鏡像架構遭到質疑的情況，或是揭露其虛空的真相，都會引發毀滅性盛怒的連鎖反應。自戀的施虐者是個想在他者的鏡子裡找到自身影像、卻徒勞無功的反射機器。他感覺麻木，冷酷無情。機器怎麼會有感情呢？自戀者這樣就不會感到痛苦。有血有肉、真實存在的人才會痛苦。自戀者沒有歷史，因為他們是「不在場的」，唯有「在場的」人才會有歷史。

自戀的施虐者若意識到自己的痛苦，或許有可能展開新生。那意味著截然不同的未來，以及為過往的生活方式畫下句點。

自大狂

自戀的施虐者十分自大，一切善惡與真假的標準由他判定。旁人常以為他是道德的擁護者、高人一等、謹慎矜持。即使他不說一句話，也會令人自慚形穢。施虐者的價值觀彷彿無懈可擊，他譴責人性的邪惡，一方面騙過別人，另一方面也製造良好的自我形象。

他希望別人對自己感興趣，卻對別人毫無興趣，也沒有同理心。他總認為自己是「被虧欠」的那一方。他批評所有人，從不承認自己有分毫的錯誤或責任。面對這個強大的對手，受虐者無可避免的會變得軟弱且容易出錯。指出他人的缺點是一種避免看到自己缺點的好方法，還能武裝自己，不必擔心被他人看出哪裡異常。

施虐者與人建立關係是為了引誘。別人常稱讚他聰明、迷人。一旦魚兒上鉤，就必須讓牠待在那裡，直到不再需要牠為止。施虐者看不見也聽不到他人，對他而言，他人是要「有用」的。在他的邏輯世界裡，並沒有「尊重他人」的概念。

在虐待的引誘過程中，不容許有任何的感受，因為虐待行為的基本原則就是避免情緒的波動、不帶任何感情，目的是排除意外或驚喜的感受。施虐者不關心他人有複雜的情緒。他不受其影響，既也不在意他人，也不在意對方的不同之處，除非他覺得這種差異有可能擾亂到他。受虐者的態度和思想必須與他對世界的印象一致，他完全否認受虐者的人格與其自我認同。

施虐者的力量來自無感。他不知良心不安為何物，所以不會內疚，也感受不到痛苦。他可以攻擊卻不受罰，受虐者即使試圖自保，也採取精神虐待的防衛措施，以牙還牙，但畢竟他因這方面的手腕不高明而被盯上，所以會感到力不從心。

施虐者可能對某人、某個活動或想法，顯得相當熱中，但這只是表面上的。他感受不到真正的情緒，特別是抑鬱或悲傷。他失望時會升起憤怒、怨恨以及報復心。這可以解釋為什麼他在分手後，常會陷入毀滅性的暴怒中。當施虐者覺得自戀的心理受到傷害（失敗、排拒），會感到有一股難以控制的報復企圖。一般而言，脾氣暴躁的人怒氣也散得快，但是施虐者的憤怒與報復心態根深柢固，不易消散，而且他會盡其所能的發洩。

惡意的施虐者與偏執狂相似，在感情上一定要與人保持足夠的距離，絕不可對人動真情。其攻擊之所以有效，在於無論受虐者或旁觀者都難以想像，居然有人可以對別人遭受的痛苦絲毫不關心、不同情。

吸血鬼習性

加害者不把伴侶當成人看待，只是當成物品，而這個物品擁有他想竊取的特質。著了他的道的人提供生命能量做為他的營養。他為了占有這令人滿足的養分，不惜侵入他人的心靈空間。

自戀的施虐者運用各種手段填補空虛。為了不必看見這股空虛（那需要治療），他把自己投射在他的「對象」上。他表現的是「反常」的原始概念，他轉身離開內在的空虛，同時非反常的部分則勇敢的面對空虛。因此，他的愛與恨都面對著一個充滿母性的個體，即內在生命最顯著的象徵。自戀者需要用別人的血肉和實體來填補自己。可是他仍然得不到滋養，因為他的內在空無一物，根本無法捕捉並接收這一切，更遑論據為己有。這個實體反而會成為他的危險敵人，因為對方並未看見他的空虛。

面對看似擁有他所欠缺東西的人，自戀的施虐者會感到強烈的羨慕與忌妒。據為己有的行為也可能發生於社交場合中，譬如他想接近上流社會、某個藝術家或知識分子的團體，手段就是引誘一個對象幫助他打入這個令人崇拜或景仰的圈子。若自己的伴侶握有通往權力的管道，自然是一大優勢。

這招若是成功，他會攻擊伴侶的自尊與自信，以提升他的自我價值。他等於把對方的自戀與自我概念占為己有。

自戀的施虐者受幼年經歷所累，一直無法發展成獨立的個體，因而覬覦他人擁有成熟獨立的性格，能去實現自我。面對自身的空虛，他企圖破壞周遭人的幸福。他受困在僵化的防備心中，見不得別人享有自由。因為他無法放鬆自己享受快樂，就想要阻止他人甚至是自己的子女，享受發乎本性的快樂。他憤世嫉俗又缺少愛的能力，連單純、自然的關係也維持不了。

自戀的施虐者要靠凌駕並毀滅他人產生優越感，他才能接受自己。他的快樂就建築在別人的痛苦上，他人的失敗與不幸，幫助他取得自我肯定。

施虐者有一種明顯的需求，對任何人、任何事都要加以批評；這樣可以讓他感覺自己「大權在握」：「如果別人沒有價值，就表示我一定比較好。」

驅策他的動力是嫉妒。嫉妒是看到別人快樂，看到別人的優點，就垂涎並懷恨生氣。施虐者從一開始便產生虐待心態，那是來自他認為別人擁有而他欠缺。這當然是主觀的認知，有時會變得很不合常情，甚至瘋狂。

這類妒忌有兩個特徵：一是自我中心，二是惡意加上渴望去傷害妒忌的對象。這種情況有個前提，在面對擁有他所欽羨事物的人時，他會感到自我價值低落。妒忌的施虐者雖然討厭看到受虐者在物質或精神上享有優勢，但是他急於摧毀的心大過於自己也想擁有。就算有一天他握有那些優勢，他也不會知道要怎麼運用，因為他欠缺相關資源。為了填補內心的洞，羞辱對方、貶抑對方，即足以消弭他與所妒忌對象之間的差距，也因此遭忌的被害者往往被汙名為有惡魔或是女巫的特徵。

施虐者最羨慕的其實是他人的人生。別人的成功令他嫉妒，迫使他得面對自己的失敗感；他人對他的看法也總不如他自認為的優秀；沒有事情如其所願，一切都很複雜，簡直就糟透了。於是他把黑暗的世界觀以及長期對人生的不滿，強加諸他人身上。他向周遭人的熱情潑冷水，極力想要證明這個世界很糟糕，他的伴侶很糟糕。他用悲觀的態度把他人拖入憂鬱狀態，為此他還責難對方。

受虐者的渴望和生命力，凸顯了自戀者的缺陷。我們發現許多情況都出現對於母子間特殊聯結的嚮往。因此自戀者常選擇精力充沛和熱愛生命的人，當作施虐的對象，好像他想藉此為自己汲取些許力量。征服和壓制受虐者符合他的願望，因為對方的依賴就是自己把對方占為已有的有力證據。

妒忌的下一步就是占用。

施虐者想占用的優點很少是物質的。那些都是別人偷不走、但不易掌握的靈性的能力，例如生命之愛、敏感力、創造力、魅力、音樂或文學的天賦。在操弄之下，受虐者一提出構想，就不再是自己的了，而是馬上被施虐者接收。在有取有予、不會因妒恨而盲目的關係中，施虐者或許能學習到如何取得這些特質，前提是他必須謙遜以對，但是他無法做到。

精神虐待者有時會因為熱戀對方，而盜用對方的熱情。不過更常見的是，因對方擁有他熱切嚮往的東西，而使他對對方產生興趣。你可以在施虐者身上看到狂熱的迷戀，然後是殘酷而無法挽回的拒斥。他身邊的人想不通，怎麼可能沒有明顯的理由，一瞬之間愛就已經走遠了。精神虐待者從最親近的人身上吸取正面能量，由此獲得滋養與再生，之後卻恩將仇報，卸下自己所有的負面能量並交給他們。

受害者大方的付出，但是永遠不夠。自戀的精神施虐者從不能感受到真正的快樂，他總是以「受害者」自居，總是責怪母親（或母性移情對象）。施虐者攻擊對方是為了逃避自童年以來便有的被迫害心態。在感情關係中，這種「我是受害者」的姿態會吸引到樂於撫慰並療癒他的伴侶，而且還不會怪罪於他。施虐者經常在分手後，擺出遭遺棄的受害者姿態，藉此引誘新的伴侶：另一個療癒者。

不負責任

加害者沒有真正的主體意識，因此自認不必負責。他心裡沒有別人，也沒有自我。你不能仰仗這種人，也抓不住他，一如旅居法國的美國詩人葛楚德．史坦因（Gertrude Stein）所言：「那裡面空空如也。」加害者把自身遭遇怪罪別人時，並非在提出指控，而是在陳述簡單的事實：他無須負責，所以責任必在別人身上。責怪別人，讓別人當壞人，加害者便可以脫困卸責。有任何差錯一定是別人不對：加害者從來沒有責任，也從來不會有錯。

他部署了一套防禦機制來保護自己：絕不挺身而出，遇到困難或失敗一定歸咎於人。另一個有用的詭計是，即便小至日常生活瑣事，面對相反的證據時，仍要不斷否定事實。痛苦和懷疑同樣遭到加害者的排斥，必須由他人承擔。而糾纏與攻擊他人則是他避開痛苦、悲傷和憂鬱的手段。

做日常生活的決定對精神虐待者是件難事，他需要別人負起這個責任。他無法完全自主，得依賴別人，所以他會纏著伴侶不放，也害怕分手。儘管如此，他卻認為是伴侶一心想要服從他。他拒絕承認自己的「依附」行為是出於自私自利，否則他可能因此得出負面自我形象。這也可以解釋他對於過度好心且熱忱的伴侶所做的虐行。但是伴侶若變得獨立，就會被他認為懷有敵意且拒他於千里之外。

施虐者獨自一人時會很不自在，充滿無力感，亟欲獲得別人的支持與協助。他同樣無法靠自己展開計畫並獨力行動。他會故意招來拒絕，因為由此可證明他對人生的預言是對的。不過當一段關係結束時，他會連忙尋找可確實提供他所急需的協助的新對象。

偏執

精神虐待者披著道德的外衣，對別人滿口的仁義道德，此一特徵與偏執狂性格類似。偏執狂性格的定義是：

- **自視甚高：態度驕傲，有優越感。**

● 精神僵化：固執、褊狹、冷酷理智、難以表達正面情緒、看不起別人。
● 多疑：誇大對別人侵略心的恐懼，感覺受別人居心不良的傷害、嫉妒。
● 判斷不當：把中性事件解讀為是針對他而來。

不過不同於偏執狂，精神虐待者很熟悉社會生活的法則與規範，也習於加以扭曲為對自己有利。他天生愛挑戰法律，目的在於證明伴侶的價值體系行不通，並把他帶往不道德的方向，藉此弄得伴侶是非不明。

偏執狂用強逼手段取得控制權，精神虐待者則用誘騙手段，誘騙不成時便可訴諸暴力。這種暴力階段本身即為偏執代償失調（decompensation）的過程：對方很可怕，所以必須把他摧毀，而且要先下手為強。

如前面提過，自戀的虐待行為是把所有的壞事向外投射，以躲開極大的痛苦。這也是一種避免精神崩潰的防禦機制。施虐者從攻擊他人中尋求庇護。心靈傷痛蓋過所有的罪惡感，並蠻橫的轉嫁到替罪羊身上；替罪羊變成垃圾桶，必須承受施虐者忍受不了的一切。

施虐者持續以破碎的形式活著，因為從小他就懂得區隔精神健全與受傷的部分，以保護自己。世界分為好壞兩半。把所有壞的部分投射給他人，可以讓他的自我感覺更好，並保證相對穩定。由於施虐者自覺無力，所以會害怕想像中他人所擁有的力量。他近乎錯亂而瘋狂的把他人想成有惡意，其實那只是他自身惡意的反射。

如果這個策略奏效，恨意投射到目標對象（即將成為獵物者）的身上，就能緩和內在緊張，使精神虐待者對外界表現出愉悅的態度。這足以解釋，當人們得知以往形象良好的親近者居然做出虐行時，為何會大感訝異甚至拒絕接受。也因此，被害人提出的證據往往令人難以置信。

第七章　受害者

受害者代為受過

受害者之所以遭到虐待，是因為被加害者選中成為替罪羊，必須為所有不好的事負責。從此他成為施虐的對象，替施虐者免除自我懷疑或抑鬱。

受害者並未犯下他付出代價的罪。可是即使目睹虐行的人也會懷疑他，以虐行發生的方式來看，似乎不可能有人是無辜的。外人往往也認為：受害者無論有沒有意識到，若不是默許虐行，就是共犯。

法裔美籍文學批評家、人類學家雷內・吉哈爾（René Girard）說，原始社會的集體敵對性製造出無差異的暴力狀況，是經由仿效而散播開來，而且唯有在犧牲的儀式中才能找到出路，透過將某個人或某一群人指責為應對暴力行為負責，並將其驅逐（甚至是殺害）而完成。替罪羊之死解除了暴力，犧牲者也得以贖罪。時至今日，受害人並不會得到救贖，而是被看成軟弱無能，因為他們不再被視為無辜。我們常聽說某人受害是原本就有那種傾向，不是他生性懦弱，就是性格有缺陷。以下我們會看到事實正好相反，受害人通常是由於擁有正面特質，因加害者想要據為己有才被選中。

為什麼被選中為受害人？

因為他人就在那裡，因為不明原因令人心煩。對加害者而言，受害者沒有什麼特別之處，都是可以替換的物品，正好在對或錯的時間出現，犯下讓自己被引誘的錯誤，有時則只是錯在他把一切看得太清楚。唯有在可利用或是可引誘時，加害者才會感興趣。若是他想要掙脫束縛，或是失去利用價值，就成為加害者憎恨的對象。

受害者是誰不重要，因為他只是「物品」。然而施虐者會小心的避開與其他自戀的施虐者或偏執狂作對，因為他們太相像。如果施虐者與偏執狂聯手出擊，對於被選中受害者的毀滅效應會大幅加劇。在團體或組織內特別會見到這種現象。在鼓掌叫好的觀眾面前，羞辱或嘲笑某人，還有什麼比這更有趣的。加害者在目擊者默許下施虐也不足為奇，目擊者雖非實際的幫凶，卻會感到不安，然後多少會被洗腦。

虐待攻擊的本質，在於瞄準對方無力防禦之處，也就是有缺陷或病態的地方。凡是暴露在外的弱點，施虐者就會鎖定打擊。如同攀岩者鉤附山坡的裂隙，施虐者也利用受害者的缺陷，踩著它前進。施虐者對於弱點在哪裡有很強的直覺，也找得出殺傷力最強的手法。在某些案例中，那弱點可能正是受害者不願承認的，而施虐者的攻擊便成為痛苦的真相揭露。被攻擊的也可能是受害者曾努力壓抑或節制的症狀，如今卻因被攻擊而死灰復燃。

虐待的暴力迫使受害者面對自身缺失，或是已遺忘的童年創傷，或兩者皆有。它攪起沉澱在每個人內心的死亡衝動。施虐者挖出受害者的自毀種子，利用令人不安的溝通就能助長它的萌芽。這與施虐者的關係具有負面的鏡像作用。正面的自我形象因此轉變為不值得愛的形象。

指稱受害者是施虐者的共犯並不合理，因為一旦受到掌控，便失去採取其他行為的心理工具：他被癱瘓了。他的被動參與並不會減少所受到的傷害。

有個被害人說：「如果我跟不愛我的人在一起，我要負部分責任；如果我被騙卻看不出一點徵兆，那與我的過去有關。可是後來分手過程的演變完全出乎意料，也難以應對。即使我現在明白，那種行為和心態不是針對我個人，我仍覺得心靈遭受嚴重打擊，那是心理謀殺未遂。」

受害者既不是被虐待狂，也沒有憂鬱症，但是加害者會操縱他潛在的憂鬱或被虐待傾向。

我們要如何區分因有被虐待傾向而順服，或是因受虐而陷入深層憂鬱？

受害者是被虐待狂？

第一眼最令人驚訝的是受害者對現狀的逆來順受。

我們提到過，加害者完全是自說自話，否認受害者有主觀意識。我們甚至可以問，為何他說的話受害人會接受，甚至內化。為什麼事實與言語不符，受害人還是繼續順從？前面說過，受害人是受到心理束縛。他或許是顆有用的棋子，但那盤棋不見得是他自己想下的。

佛洛伊德把被虐待狂分成三種形式：性慾、女性及道德。道德被虐待狂是主動尋求失敗和痛苦，以便滿足受虐的需要。按照佛洛伊德的標準，被虐待狂的性格不但喜歡生命的痛苦、緊張和障礙，也絕對少不掉抱怨與悲觀。他拙劣的行為導致失敗和反感，他發現自己不可能享受生命的喜悅。其實，這個定義更適用於施虐者，反之受虐者看來卻是樂觀而充滿生命力。

不過有很多心理學家認為，遭到虐待攻擊的受害人是祕密共犯，與折磨他的人建立了愉快的施虐受虐關係。

在性慾型施虐受虐關係裡，雙方以彼此的侵略性及敵意為樂。愛德華・阿爾比（Edward Albee）的舞台劇《誰怕吳爾芙》（*Who's Afraid of Virginia Woolf*，一九六二），巧妙的示範這種行為。劇中存在著幽微的對稱關係，每個人付出自己的代價，彼此也都知道，只要有意就能退出這場遊戲。

反之虐行是要消滅一切性慾跡象。性慾就是生命，所以一切生命、慾望、甚至反應的跡象，都必須加以侵蝕，終至完全消失。

在片面虐待的關係中，勢均力敵不見了，取而代之的是一方宰制另一方，受制者無力回應並停止掙扎。本書討論對人格的實質攻擊，主要原因在此。先建立對受害人的掌控，把說不的權力拿走。讓他一切聽命於人，沒有商量餘地。受害人被波及陷入受虐慘境，完全是違反他自身的意願。當被虐待狂的一面（這是每個人或多或少都有的）得到引發，他便發現自己陷入一種毀滅式的關係中，逃也逃不掉。施虐者逮到他的弱點，不管是天生的或是因自發的反應而產生，他都「動彈不得」。「每個人擺盪於想要獨立、掌控與負責，又幼稚的需要回復依賴、無責、因而無辜的狀態之間。」受害人的基本錯誤，在於不曾懷疑或充分理解非語言訊息的暴力。他過於只看訊息的表面，未能去解讀其中真正的含義。

受害者被指為有被虐待狂傾向，想要被征服，這種說法施虐者立刻拿來利用：「是他／她喜歡且想要被虐待。」施虐者比受害者更了解他的感受：「我那樣對待他是因為他／她太愛了。」

被虐待傾向在現代社會中令人感到羞恥和罪惡。人們想要看起來很強勢，什麼都不怕。受虐者不只有羞恥和罪惡感，也為無法保護自己而慚愧。

受虐者和被虐待狂的差別在於，當前者好不容易終於成功脫離苦海，會覺得輕鬆無比，大大的解放。他對這種受苦本身沒有興趣。他是因為活力充沛，願意付出，才長期落入施虐者的遊戲中，甚至投入為施虐者付出生命的不可能任務：「跟我在一起，他會改變！」

受害者的能量有其脆弱之處。儘管他把自己投入不會成功的「起死回生」任務中，卻對本身的力量沒有把握，於是行動方向也幾乎是毫無章法。由於自我懷疑及弱點外露，所以他更必須證明自己強壯且能幹。這使得他在引誘階段特別容易上當，因為施虐者在此時會肯定他，讓他感覺自己是有能力的。過了這個階段，他的固執會變得危險。他無法想像兩人之間的問題不能解決、對方不會改變，因此不肯放棄施虐者。我們下面會談到，他如果放棄伴侶，會感到內疚。

假使這種理論是對的：被虐待狂是精神受虐者基本的特質，那麼何以它不出現在其他狀況下，而且為什麼與施虐者分開後就會消失？

受害者良心不安

加害者攻擊伴侶的重點，通常是罪惡感和缺乏自信。想要擾亂別人使他不安，鼓動他的內疚和自我懷疑顯然是有效的方式。在卡夫卡（Kafka）的長篇小說《審判》（*The Trial*）中，主人翁約瑟夫・K被控犯罪，可是他卻不知道自己犯了什麼罪。他一直設法釐清指控的內容，以明白被控的罪行。到後來他懷疑自己的記憶，最終說服自己相信他根本不是他自己。

理想的受虐者是有良心又天性愛責怪自己的人。這種行為在現象精神病學（phenomenological psychiatry）中眾所皆知，並被（泰倫巴克〔Tellenback〕等人）描述為憂鬱型性格（typus melancolicus）。這種人喜歡工作和關係都井然有序，會為最關愛的人奉獻自己，卻對接受別人的恩惠有所遲疑。注重秩序和有心行善，使他比一般人承擔更多工作。這令他感到心安，卻也覺得為工作和責任耗盡全力。

行為學家鮑赫斯・西呂尼克（Boris Cyrulnik）的描述很貼切：「性格憂鬱者常與無感者結婚。比較不敏感的這一半，沉著冷靜的過著無情緒起伏的平凡日子，因為憂鬱的另一半受無窮的內疚感而頹喪，並承受各種憂慮，使他過得更安逸。另一半負責解決問題，維繫兩人生活，直到二十年後的某一刻，憂鬱者被無止境的犧牲榨乾時，突然痛哭失聲。他指控配偶奪走兩人人生的精華，只把殘渣留給他。」

憂鬱者把自己交給伴侶，任憑對方處置，藉以贏得伴侶的愛；他也從可以為人所用以及帶給別人快樂中，得到很大滿足。自戀的施虐者便利用這點達到他的目的。

受害人無法忍受誤解和尷尬，想要澄清。當難處愈積愈多，他加倍努力，卻覺得被各種事件弄得疲於奔命，於是產生罪惡感，再接再厲卻更加精疲力盡、效率低落，最後陷入惡性循環，罪惡感有增無減。他甚至還會指責自己：「伴侶不快樂或者施虐，都是我不好。」事情一有差錯，他就自動擔下責任。如此過度誇大的良心譴責與害怕失敗有關，害怕與自責讓他深受煎熬。

他同樣易受別人的判斷與批評所左右，即使那些並無根據也一樣，他會不斷的替自己辯解。加害者有感於這種弱點，很樂於灌輸疑慮給他。「也許他對我的指控沒有錯，我是在不自覺中犯下錯誤的？」就算伴侶的指控不公平，他也無法確定自己到底對不對，於是他自問該不該乾脆就擔下這個罪名。

加害與受害雙方的行為都走極端。兩人的關鍵機能均失去平衡，加害者是更加外露，受害者是更加內縮。

受害者等於擔下對方的罪惡。他內化攻擊他的虐行元素，包括表情、姿勢、言語。藉由投射作用，自戀的施虐者把自己的罪疚轉嫁到受害者身上。他只需要使用「否認」這一項武器，就能在攻擊後製造懷疑。有些受害者為了事後確認是否真的發生過虐行，會做好各種安排：保留信件副本、安排祕密證人或錄下電話內容。

受害人只要未被操弄到有罪惡感，通常都有辦法彌補其潛在的自卑感。易於產生罪惡感與憂鬱傾向有關，不過這不會導致死氣沉沉的狀態，如憂愁或疲憊倦怠，反而會讓人過動並在社交圈中互動頻繁。

受害者與自戀施虐者的邂逅，起初可以激勵他克服憂鬱。英國精神分析師瑪殊・汗（Masud Khan）表示，憂鬱婦女被動的本性使她容易陷入虐待關係中：「在我看來，施虐者的主動意志是錯覺，因為是受虐者被動的提出要求，並贊同那個主動意志。」虐待關係始於一種競賽或智力競爭。你就像面對一場挑戰：要求如此高的人會不會接受你為伴侶。於是憂鬱的人「打起精神」，在這種關係中尋找刺激，藉由選擇如此難應付的伴侶或狀況，讓自己能有強烈的感受並提高自我價值。

我們可以說，潛在受害人一方面有痛苦的敏感處，那或許與童年的創傷有關，另一方面又有很強的生命力。加害者打擊的不僅是憂鬱的部分，也包括生命力，他會試圖掠奪他感知到的生命力。

受害人欠缺自戀傾向，所以他的怒氣往往被壓抑或藏在心裡，無法讓他做出反應。

受害者的力量

受害人引起嫉妒，可能是因為對自身感受太無保留。他忍不住要表達，擁有這個那個是多麼快樂，他不知道怎麼避免得意忘形。在很多社會中盛行一種觀念，貶低自己的物質或精神財富是「對的」。不這麼做的話容易遭忌。

在崇尚平等的社會，大家往往認為，嫉妒不分有意無意，都是由被妒嫉者引起的，比方有人被搶，必定是財露了白。精神虐待理想的受害人正是因缺乏自信，而覺得有義務要去做更多，以便不計代價展現出更好的自我形象。

所以受害者的強大生命力，使他成為加害者的獵物。

受害者被迫付出，自戀的施虐者只管接受：這是多麼理想的遭遇。再來就是理想的組合：有一方拒不擔負任何責任，另一方卻天生愛把責任往身上攬。

為了讓這場遊戲玩得值得，受害者必須合乎標準，意思是：一開始要懂得如何抗拒，後來要知道怎麼投降。

受害者的天真

受害人顯得天真好騙。他無法想像加害者有好破壞的本性，便試圖為他尋找合理的解釋，避免誤會。「只要我解釋，他就會明白並且為自己的行為道歉。」沒有虐待習性的人很難想像，從一開始就存在著深不見底的惡意與操弄。

為了擺脫虐待式操弄，受害者想盡量坦誠並為自己辯護。當真誠者對多疑者開誠布公，通常是後者占上風。受害者把其行為的鎖鑰交給對方，只會使加害者更看不起他。當他面對虐待攻擊時，先是想要表現諒解，讓自己去適應，甚至原諒對方，因為他愛或佩服對方。「他那麼做一定是不快樂，我會讓他安心，把他治好。」母性的保護本能油然而生，他認為只有自己懂得對方的行為，並且可以給他依靠，幫助他。受害者有如傳教士，自認能夠理解、辯護和原諒一切。他相信只要好好談一談，就能找到解決辦法，這反而讓加害者（拒絕參與任何形式的對話）牢牢的把他箝制住。受害者滿懷希望，以為對方會改變，而且終會了解並後悔他造成的傷痛。他不停的冀望自己的解釋和辯護可以消弭誤會，且拒絕認清在理智和感情上雖能了解某種困境，並不表示因此就該容忍它。

精神虐待者始終固執僵化，受虐者的作為卻像變色龍：調整適應、揣測施虐者對他（有意無意）的期待、承受多於公平比例的責任。如果施虐者（是父母、配偶或上司）過去曾得到受虐者的信任，則其操弄的手段收效會更好。而受虐者的原諒，缺乏強烈的感覺或恨意，很奇怪的會讓他們顯得更有權力。受害人如果出現撤守的反應：「我不想玩這個遊戲了！」攻擊者將無法忍受，並會有強烈的挫折感。受害人此時便成為活生生的指責，只會增強攻擊者的恨意。

易受控制的弱點經常來自童年。我們經常自問，被害人為什麼不反抗。我們看著他受苦，放棄自己的生命和人格，可是他卻仍然留在那種狀況裡，甚至害怕遭到遺棄。我們知道離開才能獲救，但是在走出童年的創傷之前，他無法採取行動。

愛麗絲．米勒曾指出，「為了孩子好」而扼殺他，如此壓抑的童年會瓦解其意志，導致他抑制真正的感受、創造力和反叛力。米勒表示，這會種下日後更為服從的種子，或是對個人（精神虐待者），或是對集體（參與幫派或極權政黨）。幼年種下的因，使人在成年後易於被操控。

生長於壓抑環境的人，若是能夠以言語或憤怒情緒，對羞辱和騷擾做出反應，他長大後將有能力保護自己，不遭受到精神虐待。

有些受害者不僅了解，同時也能「看見」。他們以雷射般的觀察力，看出加害者的脆弱與不足。過去有位受害者告訴我，只要他感覺伴侶在談話中顯得「異常」，他就會立刻停止溝通，「我沒理由被他仇恨對待，既非因為我是如此重要，也非因為我是那樣沒尊嚴。」有些受害者看到了對方病態的行為，了解虐行的病態性質，當他們發現伴侶偽裝的跡象時，就會敬而遠之。

當受害者可以清楚的說出憑直覺所了解的狀況，他就變成危險的敵人。加害者會想要以恐怖的手段使他閉嘴。

第三部　精神虐待的後遺症與責任承擔

第八章 「失去行動力」階段的後果

正如希區考克式懸疑片，大衛・馬密（David Mamet）編導的《西班牙囚犯》（*The Spanish Prisoner*）中，情節走的是相同的方向：被害人不知道自己被操控；唯有到暴力已經太明顯時，才在外力介入的協助下看清謎團。劇中主人翁的關係始於迷人而誘惑的氣氛，結束於可怕的精神失常行為。不過施虐者留下的線索，直到事過境遷後才得以解釋清楚，那時被害人已局部脫離掌控，也了解被操弄的過程。

我們剛看過受害者在第一階段被癱瘓；在下一階段他會被毀滅。

退縮

一旦掌控確立後，在彼此不知情的情況下，兩個「對立者」會退縮以避免衝突，施虐者以間接的小動作狡猾的進攻，不必激起公開衝撞，即能擾得被害人不寧。被害人則擔心公然的失和讓關係破裂，所以也會退一步忍讓。

這些迴避技巧使暴衝行為暫息，對可能引發衝突的狀況卻是治標不治本。起初的退縮維持住兩人的關係，但其代價是被害人受到嚴重傷害。雙方之間存在著不言而喻的盟約。精神虐待的被害人以出自錯覺的利他姿態，委曲求全的接受虐行。他即便抱怨伴侶的負面態度，也會理想化其性格的某些面向，如他很聰明、是個好爸爸等等。

被害人肯屈從，於是兩人關係在此基礎上無限延伸下去：其中一人愈來愈抑鬱，人格遭泯滅，另一人卻愈來愈囂張，對自己的掌控權益發有把握。

混亂

被害人完全被掌控後陷入混亂中，他或是不敢，或是不知該如何抱怨。彷彿被打了麻藥，頭昏腦脹，無法思考。他訴說人格確實遭到破壞，有部分已經喪失，內在的活力與自發性也變得麻木。雖然感覺遭到不公平待遇，卻因為太過困惑而無從回應。除非以其人之道還治其人之身，否則面對精神虐待者，最後的決定權不可能在被害人手上。唯一的出路是歸順。

困惑會產生壓力。生理上最大的壓力來自失去行動能力，且處於極端不確定的情況下。被害人常說，最大的痛苦不見得來自直接的虐行，而在於不確定自己是否要為受虐負部分責任。施虐者若撕下假面具，被害人表示會感到安慰。

聽他說了這麼多，搞得我相信他可能是對的，是我不正常和歇斯底里。他經常如此，有一天同樣帶著憎恨的眼光來找我，用冰冷的聲音說，我對任何人都毫無價值，一無是處，我應該乾脆去自殺。那時我的鄰居剛好在我家而他沒看到。她嚇壞了，鼓勵我去提告。我為此放下心中的大石頭。總算有人了解我的狀況了。

這顯示了不受任一方影響的中立目擊者在場的重要性。「失去行動力」實在很難加以描述，其癥結在於它是慢慢形成的：先把受害者的內在忍受度拉到極限，再瓦解那些限度。這使得指出暴力及虐行的確切起始點幾乎不可能。

在這場心理戰中，受害者的人格遭到嚴重斲傷，自我認同也被塗銷。他在自己和加害者眼裡已失去全部的自尊，加害者可以無所顧忌的丟棄他，因為他現在是「空心人」。

懷疑

當暴力化暗為明，但仍在節制的偽裝下，它打擊的是已在掌控階段被麻痺、毫無防禦能力的心靈。接下來發生的事幾乎匪夷所思。受害者與最終目擊者不敢相信自己親眼所見，因為除非同樣是施虐者，否則無法想像有人能做出如此沒有憐憫心的暴行。你以為施虐者會感到內疚、難過或自責，但是他完全沒有這些感覺。受害者難以理解，整個人會崩潰；因為沒有準備好接受這宛如晴天霹靂的事實，他不承認自己不解的真相。不可能發生那種事，因為那是不可能的！

受害人口頭上雖否認，卻感覺得到對方強烈的拒斥，他試圖去了解並向自己解釋，但不得要領。他找尋虐行發生的原由未果，信心全失，變得易怒或蠻橫。他頻頻自問：「我做錯了什麼要受到如此對待？一定有其原因。」他需要合邏輯的解釋，可是虐行自行發展出不合邏輯的過程，彷彿與實際情況或他們均無關聯。受害人經常問施虐者：「告訴我，你對我有什麼不滿，告訴我，我該怎麼做才能改善我們的關係。」他則強硬的回答：「沒什麼好說的，事情就是這樣。反正你什麼都不懂。」無力感和挫折感是最糟的結果。

就算受害者承認對發生暴行也有責任，他也不是不知道，單只是自己的出現便成為暴行的理由。施虐者必定沒有錯，罪責均由受害者背負。脫離關係在此階段幾乎不是選項，因為先前的打擊已牢牢種下令人坐立難安的罪疚感。受害者曾被指為犯了錯，儘管那與事實無關，他還是負起維繫關係的責任。他把受到的威脅攻擊內化了。

周遭的人也被攪亂，很少人知道該如何不帶批評的提供支援，反而常加深受害者的罪惡感。有時，旁人的解讀嚴重失誤，還會說出這樣的話：「你應該更加如何如何……你是不是在火上加油？他如果那樣，一定是因為你惹惱了他……」

我們這個社會把罪惡感視為負面的：人不該精神墮落，人必須永遠顯得超脫。基於無風不起浪這句話，人們往往認為，會感到內疚一定是做了不對的事。在外人看來，不是加害者造成被害人的罪疚感。

壓力

強大無比的內在緊張，是屈從虐行必須付出的高昂代價：不許自己觸怒對方，對方煩躁時要安撫他，強迫自己不得反應。如此的緊繃帶來壓力。

有機體對壓力的反應是進入警戒狀態、分泌某些荷爾蒙、免疫力降低，以及神經傳導物質修正。剛開始這些調整可以對抗外來攻擊，不論其來源是什麼。壓力如果定時出現，個人也應付得了，一切就會回歸正常。然而當發生緊張情況的時間延長，或是間隔很短便重複發生，被觸動的神經系統會持續作用，使得受害人的調適能力應付不過來。長期大量的荷爾蒙調整，會導致出現慢性病的症狀。

視個人的承受力而定，壓力大的初期症狀是心悸、悶壓感、呼吸困難、疲倦、失眠、神經質、易怒、頭痛、消化系統疾病、胃痛及焦慮等身心症狀。壓力為害的程度因人而異。

專家長久以來都認為它與遺傳有關，但是他們現在也知道，長期受虐者的易受害程度有可能逐漸累積。

衝動型的人對壓力較敏感，而惡劣的施虐者好像對壓力免疫。他藉著讓別人痛苦，釋放本身的衝動。這種人通常不會罹患因戰爭暴行引起的精神官能症，這在越戰中可以看到許多案例。

加害者把本身所有的問題都歸咎於受害人，藉以躲掉壓力或內心痛苦。受害人無路可逃，因為他不明白進行中的虐待過程。當矛盾層出不窮，又抓不到證據，就沒有一件事解釋得通。他拚命想要找出答案，卻力不從心，反而使暴行加劇，自己身心俱疲，終至危及神經腺體的功能。

由於虐行的壓力持續很久（數月，有時數年），有機體的抵抗力漸漸衰弱，繼而出現慢性焦慮。鑑於上面提到的神經荷爾蒙系統受到打擊，可能發生機能與器官失調。

經過一連串失敗後，受害人感到灰心，也預期災難會再降臨；這加重他的壓力以及伺機而動的無望感。

長期壓力可能表現於：廣泛性焦慮、恐懼或難以控制的恐慌，以及不斷處於緊繃和高度戒備狀態。

精神虐待者不管有沒有達成目的，都會引起受害者不想要有的強烈感受。處於這個階段的受害者都表示，自己陷入恐懼狀態。他會不斷「提高警覺」，對伴侶察言觀色，看看他是否姿勢僵硬，或以冰冷的語氣掩飾不明的攻擊行為。他害怕伴侶的反應，還有自己不符對方期待時，他的嚴厲或無情；他也預期會有傷人的言語、諷刺、輕蔑和鄙夷。

無論是什麼情況，嚇壞了的受害者不管順不順服都不對。假如他順服，施虐者，或許還有接近雙方的人，會說他天生注定要受虐，要不然就是凸顯他的「緊張兮兮」。不管真相如何，雙方關係失敗以及所有其他的事，都要怪他不好。

為避免這類攻擊，受害人會傾向於愈來愈客氣且退讓。他心存幻想，以為恨意會融化為愛與友好。可惜他沒有那麼幸運，因為對施虐者愈寬大，受害人就會被虐待得愈慘。好心相待以及轉過另一側的臉（給對方打），反而在某種程度上提高了受害人的道德層次，自然又會激起暴力相向。要是受害人因此懷恨在心，施虐者還會高興。這正好應驗他所說：「不是我恨他／她，是他／她恨我。」

孤立

受害人面對所有的虐行會感到孤單。要如何向外人訴說自己過去及現在所遭受的待遇？那些暗中的傷害與壓迫，言語難以形容：充滿恨意的表情，或非語言的暗示以及影射中顯現的暴力，要怎麼解釋給別人聽？唯有受虐方才知道其中的痛苦。朋友怎麼想像得到會有這種事？就算他們願意知道虐行的真相，也會感到難過與驚嚇。通常連最接近虐行的人都不願牽扯進去：「我不想捲入那種事！」

受害者懷疑自己的直覺，以為一定是自己大驚小怪。當攻擊發生於目擊者面前，一心護著伴侶的受害者還會認為是對方一時反應過度，為避免火上加油，而出現為加害者辯護的矛盾行為。

第九章　長期後果

震驚

當被害人意識到自己受虐時會感到震驚。在那之前他很可能是信心滿滿，不曾起疑。即便有外人指出來，他也拒絕承認自己的屈從，或是過度容忍明顯的不受尊重。到這一刻他才突然發現自己被操弄。

他深受創傷，不知該如何繼續下去。他的世界崩潰。這種創傷的深遠後果來自他沒有心理準備，完全出乎意料，加害者的掌控已使他無力回應。在精神震撼後，身心均傷痛無比。有些被害人描述，彷彿身體真的遭到痛擊，或是受到劇烈的精神侵犯，以致引起信心全失，還有難以承受的絕望：「就像是胸部被捅了一刀。」「他對我怒罵，非常可怕，我覺得自己像不支倒地的拳擊手，並且還繼續挨打。」

令人驚訝的是，你極少看到生氣或反抗行為，即使在受害人決定要分手後亦然。受害人就算認清那段不公不義的經歷，仍然無法反抗或透過發怒來解放自己。憤怒較晚才會出現，即使出現也因有所節制而收效有限。受害人必須完全走出掌控的框架，才能真正體驗具解放作用的發怒。

被害人一旦得知操弄的事實，會感到受騙。而受騙、受虐以及未受尊重的相同感覺會一再重現。他太遲才發現自己是犧牲品，遭到玩弄，被迫失去自尊心和尊嚴。以往對操弄的反應令他感到慚愧：「我應該早一點有所反應！」「為什麼我絲毫沒有察覺？」他突然意識到是自己半病態的順從，才讓加害者得以施暴。

這種人有時會渴望報復，但更常見的是想要重生、得到自我認同的肯定。他們盼望對方道歉，但是施虐者不會這麼做。假使有修補動作，也會很晚才出現，而且是來自同樣被操弄而加入虐行的目擊者或被動的幫凶。

代償不良

代償不良，包括心理防禦等調節機制惡化或失靈。經過掌控階段而弱化的受害人，如今覺得直接遭到攻擊。人的抵抗能力並非無限，它會逐漸消耗，導致心力枯竭。壓力累積到一定程度後，調適技巧不再發揮作用。代償機能就會減退，長期病痛可能隨之而來。

精神科醫師通常見到的是代償機能減退階段的病人。他們有廣泛性焦慮、憂鬱或身心失調症。代償機能減退可能導致較衝動的病人出現暴力行為。施虐者常以此做為其虐行的理由。

值此階段，當我們建議在組織裡受到精神虐待者請假時，很意外的極少人會同意。「如果我不去上班，情況只會更糟。他們會要我付出代價！」恐懼讓人對一切都逆來順受。

憂鬱與精疲力盡及太多壓力有關。受害人覺得空虛、倦怠、沒有精神，對任何事都不感興趣。他無法思考或集中心思於最普通的事物上。有時他會認真考慮自殺。在突然發現自己被騙，且所受的傷害永遠得不到補償，這段期間的自殺風險會更大。

倘若發生自殺或自殺未遂，施虐者更會相信被害人是軟弱、困擾或瘋狂的，所以他的所作所為稱不上惡劣。施虐者在攻擊之後，有辦法表現出堂堂正正，展示著高道德標準和智慧。信任他的被害人卻是美夢幻滅，一蹶不振。一般而言，生命中的事件能夠引發憂鬱狀態的，不僅是悲傷或分手的經歷，更包括理想的破滅。理想破滅比困境或險境更嚴重，會導致無用、無能或挫敗感。遭羞辱或落入圈套的感覺同樣會使人陷入憂鬱。

處於虐待或騷擾的情況，又未能建立任何對話，長期焦慮便像烏雲般籠罩著被害人，又有持續的虐行滋養它。這種長期憂懼及預期禍事上身的心理往往需要醫藥控制。

有些被害人的反應可能是身心失調：潰瘍、心血管疾病、起疹子等等。有人會身體虛弱，體重減輕。精神上的打擊他們似乎無感，但人格確實遭到破壞，需要在身體上表現出來。

身心失調並非虐行的直接後果，而是源自受虐者的無力反應。無論怎麼做都不對，無論怎麼做都有罪。

還有一些人符合其個性或行為模式，對於虐待式的挑釁採取直接本能的回應。然而在公開場合歇斯底里或攻擊施虐者，不但不能替自己伸冤，反倒對被害者不利，因為這又落人口實，加害者會辯解：「我早就說過，那個人病得很嚴重！」

衝動式與掠奪式虐行可能激起暴力犯罪，不過衝動式的可能性更高。精神虐待者為證明受害者是壞人，會過分到去刺激對方的暴力反應。法國導演法蘭西斯•季侯（Francis Girod）的電影《付諸行動》（*Passage à l'Acte*，一九九六年），便是講述一個可怕的施虐者，激得他的精神分析師最後把他給殺了。此人把虐待遊戲玩得淋漓盡致。有時受害者把暴力轉向自己就會自殺，因為這是擺脫施虐者的唯一辦法。

另一個鮮為人知的創傷造成的病態是解離（dissociation），也可說是人格分裂。《精神疾病診斷與統計手冊》第四版的定義是：正常整合功能的失調，如良心、記憶、辨識或對環境的認知等。它是一種防禦機制的現象，因發生與正常情況出入極大的創傷事件，而產生恐懼、痛苦或無力感，讓心靈結構別無他法，只能加以扭曲或把它趕出意識。

解離區分出可忍受的與不可忍受的，並把不可忍受的部分逐出記憶。它過濾經驗，從而減輕痛苦，為心靈提供一些保護。

解離現象會強化掌控的影響力，在治療被害人時應考量到情況是加倍的嚴重。

分手

隨著所面對的危險愈來愈清晰，被害人可以有兩種回應方式：

1. 投降並接受宰制，允許施虐者任意繼續其毀滅性的破壞。
2. 為求去而反抗並爭鬥。

有些人受到太久或太強的掌控，無力逃跑或對抗。有時他會去看心理治療師或精神科醫生，可是馬上就表示，不想對現狀做任何根本的改變。他只想「保留」自己的原狀，讓它「表面上好看」，不要有太多症狀即可。他通常比較喜歡藥物治療，而非全面性的心理治療。若憂鬱持續，所開的藥無效，醫生也許會重提心理治療。不過當虐待已根深柢固，唯一的解決之道便是被害人離開施虐者。

被害人最常做出反應的時機，是在看到暴力手段施加在另一人身上，或是可找到盟友或某種形式的外援時。

如果雙方分手，必定是被害人離開，絕不會是施虐者。被害人帶著痛苦及內疚的情緒而去，因為自戀施虐者會擺出遭遺棄的被害姿態，為其暴力尋找新藉口。在分手的過程中，施虐者必然以受害者自居，並利用被害人因急於終止折磨且願意讓步的心態，而不惜訴諸法律。在夫妻之間，勒索與壓力可行使於兩方面：子女和財務分配。在職場方面被害人遭起訴的案例也不少，因為他們永遠被認為有過失。不論在家庭或職場，施虐者大聲嚷嚷受害，真正失去一切的卻是被害人。

後續發展

即使受害者在分手期間，與加害者斷絕所有接觸，仍無法否認他基本上被貶為物品的那段人生經歷，對他造成的嚴重後果。所有的記憶或新事件，都會因為與那段時期及經歷的關係，而呈現不同的意義。

當受害者離開加害者時，那種解脫帶給他一股興奮感：「我終於可以呼吸了！」在初期的震撼過後，對工作與休閒活動的興趣，對世界與人群的好奇心，其實是一切過去因依賴而被阻斷的，現在會重新出現。然而新的人生並非一帆風順。

有些精神虐待的受害人，有可怕但已獲得控制的記憶，此外並未留下嚴重的心理後遺症，而能夠走出來。特別是虐行短暫並發生在家庭外的案例。這種受害人經歷了造成創傷的境遇，但接受它令人不快的部分。

試圖忘記，往往導致心理或身體的問題延後出現，彷彿痛苦成為留駐靈魂中的外來個體，而且很活躍，讓受害人影響不到它。

過去的虐待暴力僅留下淺淺的傷痕，不妨礙你過幾近正常的生活。被害人表面上未受心理傷害，但輕微的症狀仍在；這些症狀好像是要掩蓋曾經有過的真實經歷。其中可能包括廣泛性焦慮、慢性疲勞，或失眠、頭痛及身心失調疾病（濕疹、潰瘍等等）；特別普遍的是依賴行為（暴飲暴食、酗酒、濫用藥物）。這類被害人若去看內科，醫生只會開鎮定劑，因為他不會提起受虐這一段往事，往日經歷與當前病症就不會被聯想在一起。

偶爾被害人事後會抱怨，覺得有無法控制的侵犯衝動。這可能起因於受虐期間無法保護自己，也可解釋為暴力的轉移。有些病人會顯露一連串與創傷後壓力有關的症狀，且符合創傷性神經官能症的定義。相關定義是第一次世界大戰後發展出來，並曾對越戰退伍軍人做過進一步的研究。後來這種診斷也用於描述天災、武裝攻擊及強暴造成的心理後果。直至晚近才用於與婚姻暴力相關的案例。

通常創傷後壓力症候群不會與精神虐待受害者聯想在一起，因為那僅限於本身（或他人）的身體安全受到威脅者。不過法國受害者學專家克洛格（L. Crocq）認為，凡是遭到恐嚇、虐待或誹謗的人，都是心理創傷受害者。他們也像戰爭受害者一樣，曾處於實質的「被圍攻」狀態，而不得不始終懷著戒心。

虐待和羞辱刻印在記憶中，透過影像和念頭一再重現，有時會激起強烈的懼怕，深恐同樣的情境可能立即復發；到晚上這種感受和想法會引起失眠或夢魘。受害者需要一吐心中塊壘，可是提起過去會產生與恐懼相同的身心失調症狀：記憶力及專注力下降，暴飲暴食或沒有胃口，抽更多菸及喝更多酒。

久而久之，因害怕面對加害者及記憶中的創傷情境，受害者會想辦法不去碰倍感壓力的事，或避開任何引發相關痛楚的想法。受害者藉著保持距離，試圖逃避記憶，這會導致對以往重要活動的興趣降低，以及對感情範圍設限。與此同時，睡眠問題和高度戒心仍然持續。

幾乎所有的精神虐待受害者都表示，痛苦的過去仍歷歷在目，但是有人藉著參與外界活動，不論是工作或做慈善，讓自己走出來。

經過相當時日，雖然忘不了痛苦的經驗，卻也不再那麼深植於心中。受害者說，十或二十年後，再看到加害者的樣子仍會覺得難受。即便他們自己現在過著充實、滿意的生活，對過去的記憶依舊帶來強烈的痛楚。與人的關係中帶有絲毫虐待的跡象，都會使他們避之唯恐不及，因為創傷已在其身上發展出超敏感的天線。

企業組織中的受害者，經常在請假很久，公司要他回去上班後，才察覺到受虐的長期後果。恢復工作將再次引發症狀：焦慮、失眠、想法悲觀，於是病人落入無法根治的惡性循環：請假、銷假上班、舊病復發……，很可能無法再返回職場。

受害人如果無法卸下控制的枷鎖，其人生將停頓於創傷的那一刻：他了無生氣，生活沒有樂趣，個人的主動精神消失殆盡。他抱怨遭到冤枉和打擊，變得尖酸刻薄和愛發脾氣，遠離社交生活，只窩在自己憤世嫉俗的世界裡。這類受害人一再重提自身悲慘的遭遇，搞得身邊的人很受不了：「那是多久以前的歷史了。你／妳應該想想別的事！」

不論是家庭或企業組織的受害人，他們一般很少要求報復。儘管他們的受虐不可能獲得補償，但確實希望自身的經歷能被承認。在工作上，金錢賠償幾乎彌補不了所忍受的痛苦。冀望精神虐待者自責或表示後悔，也是緣木求魚，對這種人來說別人受的苦一點也不要緊。往往只有沉默的旁觀者及共犯會懺悔，唯獨他們有可能表達悔意，並還給受虐者應有的尊嚴。

第十章　針對夫妻與家庭的實用建議

我們永遠贏不過施虐者。但是我們可以從自身著手。

受虐者可能會為保護自己而欲訴諸與施虐者相同的手段，且這種誘惑十分強大。不過受虐者沒有那麼惡劣，也很難看出有什麼辦法可以扭轉情勢。我們強烈建議受虐者勿同流合污；基本上，法律干預是唯一的解決途徑。

調整應對方式

首先受害者應認清虐待的過程，並了解到，若要自己為婚姻或家庭的衝突負全部責任是不合理的。再來是冷靜客觀的分析問題，把罪惡感擺在一邊。受害者必須放棄容忍到底的理想，並承認所愛或曾經愛過的人，在性格中顯露出對他而言很危險的元素，所以他必須自保，不要為其所害。

在親子領域，母親或父親也必須學著去辨別，對子女直接或間接有害的人物，尤其當此人是近親時並不容易發現。

只要尚未脫離施虐者的掌控；或不管對施虐者曾有或仍有感情，只要還未能接受他是危險而邪惡的事實，被害人是無力自我防禦的。

一旦被害人退出遊戲，會引發施虐者火力全開，以致做出很過分的事，企圖讓被害人犯下錯誤。此時被害人可以採取以子之矛、攻子之盾的方式，運用施虐者的策略，在他的遊戲裡打敗他。難道這是說，被害人應該採取虐待的手段來自我防衛嗎？不是的，這個危險的陷阱必須不計一切代價去避免。施虐者的終極目標是汙染被害人，使他成為「壞」人，所以唯一可行的致勝之道，就是不要與他同流合污。有鑑於此，了解其手法和行為模式，對於化解虐行來說是相當重要的。

在遭到精神虐待者的折磨時，要遵守一個基本原則：停止為自己辯解。辯解是很大的誘惑，因為施虐者的言語中，充斥著以最大惡意說出的謊言。任何解釋和辯護只會使受害者陷得更深。只要有一點說不清楚或者說得不對，即使是出於好意，都可能被用來對受害者不利。受害者一旦上了施虐者的火線，不論說什麼都會被當做武器藥彈。此時沉默是金。

在施虐者看來，受害人必定是錯的，至少他的一切言行都值得懷疑，且存心不良，滿口謊言。施虐者無法想像有人會不說謊。

在虐待過程中，前面幾個階段可以讓被害人認清，對話和解釋毫無用處。萬一要直接接觸，給自己時間思考適當的回應很重要，不過通常來講，有第三者在場是最好的辦法。間接接觸可以爭取時間想出正確的回覆方式。

當兩人分開後，虐行若透過電話繼續下去，你可以換號碼或把答錄機一直開著。信件也許應該請別人幫忙拆閱，因為虐待信會再帶來小量的毒藥和痛苦，將重新引起受害人不安。

行動

由於受到掌控，受害人到目前為止一直過度以和為貴，現在必須改變策略，堅決行動，不畏衝突。受害者的決心會逼得施虐者攤牌。此時受害者的態度有任何改變，通常都會引起連番而來的虐行和挑釁。施虐者想要增加他的罪疚感：「你根本沒有同情心。」「你這個人沒辦法溝通。」

受害人不再無力行動，他可以打破惡性循環。把危機攤在眾人面前，也許因此看起來像加害者，可是他別無選擇，因為這是促成改變的唯一方法。受害人引發的危機有如地震時的天搖地動，可以給自己一個逃出魔掌控制的間隙，並展開新的生活。唯有如此才可能達成妥協或找出可行的解決之道。若讓危機拖得愈久，真正爆發時的情況會愈糟糕。

心理對抗

為了自心理上對抗虐行，支持是不可或缺的。有時只要有一個人表達信任，無論在什麼情況下，便能使受害人重獲信心。然而受害人不能總是相信周圍最親近的親朋好友，或是想要調停者的意見，理由是最接近虐行的人不可能保持中立。他本身通常會失去判斷力，搖擺不定，或受到影響而偏向某一邊。家庭中的精神虐待可以讓人快速認清，哪個才是值得信賴的友誼。有些人看似與受害人很親密，卻抵擋不了被操縱，而懷疑起受害人或指責他。有些人不了解內情，選擇避免捲入是非。真正有價值的支持來自於懂得重點在陪伴、提供助力、不做評斷的人；這種人不論發生什麼事都會誠實面對自己。

法律介入

有些案例只能靠法律干預才得以解決。客觀的運用法律，可以讓外人看清事實真相，並向虐行說不。

法律判決往往唯有以證據做後盾才能達成。被打傷的婦女可以出示傷痕或驗傷單；她若因自衛而還擊，那是合法的。遭羞辱而精神受傷的婦女，提不出確切的證據，不免有苦難伸。

當精神受虐者決定與加害人分手時，應該設法讓虐行發生在第三者面前，而且此人要願意作證。受害人也必須保留所有書面證據，若能夠加以證明汙衊中傷、羞辱貶抑或感情疏離便可構成離婚理由。

在這部分，未結婚的情侶問題較為複雜。只有當攻擊行為到達輕罪的等級時，法律才能介入。

被害人若也以暴制暴，對於要不要上法庭就會有所遲疑。然而若是能夠證明受到挑釁，即可免於法律制裁。司法體系就此承認，被害人的激烈行動因施虐伴侶的侮辱在先而屬正當。

法官在審理虐待操縱案時可能非常小心。他擔心自己被操縱，為確保不偏袒任何一方，他會不惜代價希望雙方和解，結果導致太晚採取措施而產生不利的影響。談和解時，若中間人並非自願但無知的成為幫凶，同樣會發生暗中動搖被害人可信度的事情。若要嘗試與施虐者展開真正的對話，實屬癡心妄想，因為他總是懂得耍手段，並會利用調解過程進一步破壞被害人的形象。和解絕不能以損傷任何一方來達成。被害人已深受其害，不能再要求他做更多讓步。

為了保護受害人，不因直接或間接挑釁而做出不當反應，唯一的作法就是採取嚴格的法律措施，並避免雙方有任何接觸，祈求有一天施虐者能找到其他目標，放過這個受害人。

精神虐待案若牽涉到子女，尤其他們也遭到操控，受害人必須先救自己，才能去保護子女遠離虐待關係。受害人必須克服子女的排拒或猶豫，因為子女寧願一切維持原狀。法律體系則必須採取保護措施，以避免任何可能重啟虐待關係的接觸。

第十一章　針對職場的實用建議

調整應對方式

認識精神虐待的過程，並在情況允許時加以分析，這一點非常重要。假使你覺得因某個人或不只一人持續的敵意，經過一段長時間，使你的尊嚴或心理健全受到傷害，這極可能就是精神虐待。

理想的對策是盡快反應，以免陷入辭職是唯一解決辦法的困境。

在首度發現精神虐待的跡象時，最要緊的是記下任何形式的挑釁或攻擊。然而就如同家庭裡的精神虐待，在職場上想要保護自己的難處，也在於缺乏明確的證據。

被害人因此必須蒐集所有的虐待徵兆和跡象，寫下對所受虐行的描述，複印任何可能有利於為自己辯護的證據。

目擊證人的參與也有幫助。可惜在發生精神虐待的職場上，同事往往因害怕遭到報復而與被害人撇清關係；此外，當施虐者瞄準獵物時，周遭人通常是隔岸觀火，不會多嘴好事。不過只要有一個目擊證人，多半已足夠使受害人的指控得到採信。

在企業組織內求助

為及早有效的打擊虐行，受害人首先必須在組織內求助。我們太常看到，員工只在麻煩已經上身，公司打算解雇也做出決定時才有反應。當情勢惡化至此，可能很難找到助力扭轉情勢。因為那意味著即使撇開虐行的始作俑者，連部門的高階主管也無法有效的處理問題。若在直屬單位中得不到道德支援，就必須向組織內的其他地方求援。

在企業內部尋求支援的步驟中，受虐員工若是可以找到懂得聆聽的人，就能脫離精神虐待的過程；一旦虐行成為既定事實，便代表著欠缺這份幸運，想逃開便會困難許多。

在規模夠大的公司，你一定要先向人資部門求援。可惜人資部門的主管，在處理行政及法律事務方面所受的訓練，往往比處理員工之間的溝通問題要來得多。組織要求每個成員做出績效，人資部門的人員也不例外。精神虐待的問題無法量化，也很難說得具體，因此常遭迴避或擱置。

如果人資部門主管不願或不能幫忙，受害者應去找公司的醫師。首先他們可協助受害者清楚的說出問題，並且完成紀錄；然後根據這份紀錄，並在醫生的探訪中，讓組織內的其他員工與相關負責人員明瞭，精神虐待關係的嚴重後果。醫生唯有得到公司高層的信任與信賴，並且十分了解相關各方，才可能扮演好中間人的角色。在大多數案例中，不安的受害者都太晚才向公司的醫生求助，讓他除了給予醫療上的照護、建議病假或停職，難有其他作為。醫生的地位敏感，因為他的評估可能對受害者造成重大影響。許多受害者不敢去找公司醫生，因為他們認為公司醫生也是領薪水的員工，所以無法百分之百確定，他在專業判斷上是否獨立於直接或間接施虐的組織。

心理對抗

一個人必須心理健全才能保護自己，而不至於處於劣勢。前面提到過，精神虐待的第一階段就是讓受害者感到不安。所以受害者一定要去看精神科醫生或心理醫生，以確保有力量保護自己。為消除壓力和壓力對健康的不良影響，唯一的辦法也許是不要去上班。很多受害者起先拒絕這麼做，因為害怕請假只會使衝突更嚴重。如果受害者有憂鬱症，抗憂鬱的藥物便不可少。只有完全準備好為自衛而反擊時，才可以恢復工作。這或許需要請假相當長的時間（有時達數月之久），最後變成長期病假。精神科醫生和社會安全署的醫療顧問，會設法保護受害者並解決相關的工作問題，而解決辦法應在法律的框架內。

有個受虐者崩潰了。醫師診斷她因憂鬱症必須請假，那正中施虐者和公司管理階層的下懷。當她表示不再繼續請假時，管理階層卻建議她延長。醫生拒絕配合，他認為問題與工作有關，應該由員工和公司協調解決。後來受虐者回到工作崗位，卻被責怪沒有照顧好自己。

另一個受害者，被主管騷擾及虐待好幾個月後獲准請假。她每次回來上班便會舊疾復發。最後她實在受不了主管的威脅，只有訴諸法律。主管為避免遭仲裁委員會糾舉，同意資遣受害員工，可是必要的公文作業卻拖拖拉拉。此時還在請假中的受害者情況好轉。在等候遣散生效的期間，她應該恢復工作嗎？醫療顧問判定她不該回去。醫療顧問為保護受害者，寧可讓她請假到公司解雇時。

由於施虐者的遊戲是以引起憤怒，製造混亂不安，來挑釁受害者，使對方犯錯，陷他於不義，所以受害者務必學會反抗。處於受虐狀況中，屈服比反抗以及冒險引發衝突要來得容易。不論感受如何，我建議受害者盡量表現出不在意，保持微笑並幽默的回應，不要冷言冷語或語帶嘲諷。你必須把持得住，不要加入施虐者的遊戲。讓施虐者說他想說的話，自己則保持冷靜鎮定，同時記下所有的虐行以便為將來的辯護做好準備。

為維護個人專業信譽，受害者必不可讓人挑出毛病。即便施虐者不是頂頭上司，也會有探照燈照在他身上。管理階層為能了解狀況，會注意並觀察受害者。若有些許失誤或上班不準時，就會被視為他要對虐待過程負責的證明。

受害者必須學著保持戒心，不要太相信別人，辦公桌抽屜要上鎖，即使是出去吃午餐，也要隨身攜帶工作日誌和正在處理的重要檔案。受害者自然不情願這麼做。常見的案例是，只有在情況演變為百分之百的危機時，受害者才會為提交仲裁委員會而準備替自己辯護的檔案。

為恢復判斷及獨立思考的能力，受害者應該在情況許可下，以有系統的方式過濾與施虐者的溝通。這可以使他更理智的看清現實，正確掌握訊息的字義，有必要時加以精準解讀，避免接收任何的影射及暗示。

這種行為模式是假設受害者能夠保持冷靜。他必須學著不要回應施虐者的挑釁，這對於因容易衝動而被選為對象的人可能很難辦到。受害者必須放棄平常的行為模式，沉潛鎮定，等待時機。他要深信自己是對的，而且他的問題遲早會被注意到，這點很重要。

行動

與我對家庭虐待案的建議相反，在家裡你要停止自我辯解，才能擺脫加害者的掌控，但是在職場的工作領域中，你必須不厭其煩的回應對自己不利的溝通。為預防虐行發生，你不能讓命令或指示中有任何的模糊曖昧，並要明確的釐清不確定之處。如果還是有疑慮，做員工的應要求在正式的面談中獲得解釋。若遭到拒絕，則須提出書面請求。這可在日後發生衝突時，做為兩人之間缺乏對話的證據。寧可讓別人認為你反常的多疑，甚至是偏執，也不要被抓到把柄。要是施虐者對這種反轉感到擔憂，並知道受害者將來會採取動作來反抗他的惡劣手段，那並非壞事。

有時當被害人自認受虐情況解決無望，或是害怕被解雇，他會求助於工會或人事代理人。工會一旦介入等於公開宣戰，在被害人離職前就一定得談出和解方案。人事代理人層次的調解恐怕不易成功，因為他們較習於處理求償案，而非聽取及調解精神虐待與騷擾案。

法國法律允許員工在初步仲裁面談時，由他選定的人陪同參加。此人可能是工會代表，或來自外面工會、願為其他小公司員工辯護的人事顧問。在虐待案中很重要的是，陪同者必須是受害者完全信任的人，而且受害者知道他是不會受到操弄的。

單純的辭職等於太便宜了施虐者。假使受害人必須求去，而且此時辭職是自保之道，就必須力爭公司好好的依規定處理離職事項。

針對無合法專業理由可解雇的案例，雇主可用無法相處（imcompatibility）為理由。這麼做必須有確鑿的事實為證明，特別是對年資久的員工，否則仲裁委員會不會受理，所以用到的機會很少。若有眾多具體的指控針對單一個人，且由一整個部門提出，這類案子或許是例外。

未能終止虐待過程的雇主，其管理階層不太可能主動提出和解，所以提出的責任就在受虐員工身上，他可藉由工會或律師的協助來進行。

法律介入

精神虐待

目前沒有禁止精神虐待的法律，因此很難把雇主送上法庭，而且打官司無論如何都是冗長而辛苦的過程。

不過聯合國大會曾通過決議案，修正關於犯罪暨濫權受害人的基本正義原則，其中把濫權受害人定義為：「受害者係指個別或集體遭受侵害，特別指傷及身體或心理健康，造成道德痛苦、物質損失，或因作為或不作為而嚴重損及其基本權益，但尚未構成違反國家刑法，卻代表違反有關人權的國際公認標準。」

法國的工作法不保護精神虐待受害人，只在關於雇主懲戒權的法律條文附錄中，提到曖昧的「行為不當」一詞：「原則上，此處針對的行為類別，若涉及員工私生活，則非解雇的正當理由。但相關指控若能夠在組織內造成問題，則不在此限。若員工一再對女同事有不當行為，將可因嚴重事由合法解雇。」

瑞士自一九九三年起，明定企業組織內的精神虐待為罪行。德、義、澳也認定這是犯罪。美國已有很多州包括紐約州，通過一項立法案，規定：「故意或任意以極端且過分的行為，造成他人嚴重精神憂鬱者，須為此精神憂鬱負責，若因而傷及對方身體，亦應為此身體傷害負責。」瑞士針對私人企業組織的聯邦工作法中，有關衛生措施及保護健康部分，以及該法第三二八條有關保護健康及員工自主性的義務中，明定：「雇主須採取一切必要措施，確保並改進對健康之保護，並保障員工身心健全。……打擊危及受虐者身心健康之虐行。」

不過若施虐者是雇主，有系統的利用濫權程序威嚇受雇員工，就必須以法律制止他，尤其是涉及身體或性暴力等情況。施虐者不願與員工直接對簿公堂，勢必要避開在法律架構中處理。他有所畏懼，因此可以談判解雇的條件。施虐者其實害怕可能使其恐怖行徑公諸於世的審判。他會先用脅迫讓受害者噤聲，如果此舉行不通則轉向談判，並假裝是心態扭曲的狡詐員工害了他。

道德虐待的殺傷力極強，想要遏制它很難。假使個人及組織不設法讓社會重視禮貌並尊重他人，就有必要師法處理性虐待的模式，針對精神虐待立法。

據我所知，目前並無專為精神虐待受害者提供建議及協助的組織。

性騷擾

自一九九二年起，性騷擾在法國成為刑事罪，也違反工作法。法律禁止因員工屈從於或拒絕性騷擾行為而被申誡或解雇。

法國工作法第二十一條，僅針對濫權的性騷擾有所規定：「雇主、雇主代表或任何其他人，濫用職位賦予的權威，對員工發號施令，揚言威脅，施以限制，或加諸任何種類的壓力，而期待自他本人或第三者獲得帶有性本質的好處，該員工不得因屈服於或拒絕此種虐行而遭處罰或解雇。」

由此可見，法國法律僅禁止一種勒索式的性騷擾，然而實際上有必要對這類行為一律禁止。

在法國，要訴諸法律程序的阻力很大，因為受害人會遭遇種種抗拒及障礙。即使與性有關，即使證據確鑿，虐行也不會受到重視。就像處理性侵事件，抗拒可能從警方拒絕受理報案，到法官判定證據不足。這類案件的檔案也常被標示為「中斷」或「不得重啟」。

性騷擾是世界性的問題。在日本，邀請重要客戶上酒吧、高級餐廳或「無內褲俱樂部」（女侍在迷你裙下什麼都不穿）已成習俗，連女性高階主管也不例外，因此性騷擾的投訴隨之倍增。在法國，一九九九年四月新通過的職場性別平等法，提供制裁性騷擾的解決方案。與其嘲笑美國人太過熱中於打性騷擾官司，不如訂定預防性騷擾的政策，並實行在職場上對個人的尊重。

採取預防措施

當對話終止，受虐者有苦無處訴，此時虐行便是既成事實。所以預防的意義在於重啟對話及真正的溝通。在此情況下，企業組織內的醫學專家就扮演重要的角色。他可以應管理階層的要求，召開多方參與的會議，設法解決問題。員工超過五十人的組織，可成立或擁有關於工作環境、衛生及安全的委員會。在此架構下，管理階層、人事代表和醫學顧問可以共同合作介入。可惜這類協作的例子，通常只有在可能造成身體傷害，或與工作模式有關時，才會啟動。

預防工作也應包含教育職責所在者，讓他們了解除了員工的生產力，同樣也要重視人性的部分。企業內部的教育訓練，可在受過受害者學訓練的精神科醫生或心理師的專業指導下，讓職責所在者學習進行「後設溝通」（meta-communicate），即針對溝通本身交換意見，從而得知在虐行過程尚未開始前該如何介入。其方式是，找出被害人什麼地方令施虐者惱怒，反之也讓施虐者確實「聽見」被害人強烈表達的感受。一旦虐待過程開始就來不及了。工會幹部們懂得，如何在解雇案中談判求償，但對於人際相處的理解，往往沒有那麼駕輕就熟。何不就像人事主管的訓練一樣，也教導他們，並提供理解人際關係的必要工具，以便在虐行惡化到解雇階段之前的任何時刻都能先加以介入？

我們盼望，在私人及公共組織的政策中，都有針對精神虐待的保護條款，同時在職場上遵守嚴格的法律標準。

預防最重要的意義是，為被害人、員工及組織提供資訊。讓大眾明白，精神虐待確實存在、相當常見，而且它是可以避免的。在這方面，媒體也可扮演傳播相關資訊的重要角色，並發揮警告呼籲的作用。

唯有人才能處理人際關係，並讓它步上正軌。虐行是因為受到鼓勵或姑息才會發生。消除職場虐行，還有賴企業雇主與高階管理人員在其影響範圍內，重新強調對於人的尊重。

第十二章　心理上的主動應對

治療過程

前面討論過，精神虐待是悄悄發生，經常難以察覺，所以防守不易。主動應對很少能夠單獨成事。在面臨明顯的虐待攻擊時，借助心理治療往往有其必要。當一個人的尊嚴被另一人的行為所傷害，即構成心理攻擊。被害人的錯誤在於未堅持要求尊重，也未及時覺悟到，對方已越過保護個人完整性的界限。他反倒像海綿般把對於自己人格的攻擊給吸收了。他必須確立自己能接受的限度，從而決定對策，以擁有自主性。

選擇心理治療

能夠使受害者化被動為主動的第一步，是選擇心理治療的方式。為確保勿再落入操弄框架中，受害者一定要查證治療師的背景。如有疑慮，或許寧可選擇精神科醫師或心理師，因為當今世上，各式各樣誘人的新療法如雨後春筍般興起，個個保證療效迅速，其運作卻更像是宗教派別。然而，所有嚴肅的療法系統，都是想要讓病人回歸自我。最簡單的選擇方式或許是請可信賴的朋友或醫生推薦。受害者不要遲疑，應該多訪談幾位治療師，再從中選擇自己最信任，覺得相談最自在的。病人可以根據自己的印象與感覺來判斷，某位治療師能不能幫助他。

出於善意的中立立場，可能使某些治療師會顯得冷酷無情，對於自尊心已經受傷的病人而言，這種態度並不適當。精神分析學家費倫齊（Ferenczi）一度曾是佛洛伊德的信徒兼朋友，卻在創傷及分析技巧的議題上與他決裂。一九三二年費倫齊寫道：「在分析時，那種對病人的冷酷克制、專業善偽，以及隱藏在這種態度後面對病人的反感，在他全身上下都感覺得到，與他童年時讓他難受的狀態並無差別。」心理治療師的沉默應和著施虐者的拒絕溝通，會對受害者造成二度傷害。

診治受虐者讓我們能探究自己的專業知識與治療的技巧，要與受虐者站在同一陣線，絕對不可擺出權威的姿態。我們必須學習跳出有框架的思考，沒有任何定論，並且勇於懷疑佛洛伊德的信條。大多數治療受虐者的精神分析師，在發掘創傷真相的部分，已不再像信徒般追隨佛洛伊德：「應用於受虐者的分析技巧，應針對心理與事件的真相重新加以定義。過去重視內在衝突、犧牲了客觀事實的方式，導致精神分析師低估了關於真實創傷及其心理影響的研究。」

心理治療師應保持彈性，並找出更積極、寬容、有激勵作用的新方法來進行治療。只要受害者未能逃出施虐者的掌控，精神分析的標準治療及其伴隨而來的挫折感，對受害者來說就是無益的。受害者只是再度落入不同形式的掌控。

說出虐行

治療師要接受創傷是來自外在虐待的既成事實，這一點很重要。病人往往記不得過去受虐的關係，一是因為他只想藉由遺忘來逃避，二是要他說出口的事情，仍超乎他自己的想像。他需要時間和心理治療的支持，才會逐漸有能力清楚的述說。對於他說出口的事情，治療師若不予採信，等於加重暴力，治療師的沉默將使他成為施虐者的幫凶。有些經歷過虐待狀況的病人說，他們曾試著對治療師講述受虐經過，治療師卻不想聽，只表示對此案的內在心理層面更有興趣，而非實際經歷的暴力過程。

陳述虐行的操弄情形並不會使被害人再度身歷其境，反而可以讓他走出否認與內疚。想要獲得自由，就得拋開言詞的模稜兩可以及無法開口所帶來的重擔。治療師無論奉行哪些理論，一定要感到有充分的執業自由，才能把這份自由傳達給受害者，幫助他擺脫所受的精神掌控。

治療（精神虐待或性虐待）受害人不能不從背景環境著手。在治療的前期，治療師必須先協助受害人認清虐行的計謀，要避免任何神經官能症的連想，讓病人自行訴說，然後幫助他辨識，哪些起因於他個人或是他的弱點，哪些可從外部歸於虐待者。為了認識以往關係的虐待本質，受害人必須明瞭他所遭受的宰制當初是如何形成的。只要提供受害人工具看清虐行的計謀，他就不會再受到引誘而上當或是同情施虐者。

治療者也必須要求病人表達出他的憤怒，那是他在施虐者的控制下無法感受到的，還要允許他說出並去感受過去壓抑的情緒。病人要是找不到適當的字眼，務必要協助他用言詞表達出心中所有的感受。

離開

因受虐而接受心理治療時，被害人首先要問的不是：「我怎麼會落得這般田地？」而是：「我要怎麼盡快離開，愈快愈好？」

前幾個階段的治療應令人感到心安，被害人得以去除恐懼和內疚。他必須明確感覺到，治療師會陪伴他走過這一切，並對他的遭遇及痛苦展現同理心。藉由強化被害人的心靈結構，穩固內心未受傷的部分，可以帶給被害人足夠的自信，敢於抗拒會帶來重大傷害的虐行。這個目標要在被害人成熟到足以面對施虐者並說不時，才算達成。

能將虐行說出口後，被害人必須根據他從虐行中學到的，重新思考過去發生的事。以往他對那些事的解讀不正確，雖然記憶儲存了大量的事實，但它們在發生的當下看不出有什麼意義，令人想不通，那是因為他不曾把它們連結在一起。如今用一種反常的邏輯，即虐待的思考方式來看，一切就很明朗了。受害者必須勇敢的自問，某字眼或某狀況當時有什麼意義。被害人過去常覺得，施虐者對他的言行很傷人，但因為想像不出除了自己價值觀以外的任何標準，只好自認不對而屈服。

免於罪惡感

不論任何狀況下，治療絕不可增加受害人的罪惡感，使他好像必須為自己的受害負責。他雖然不必負責，卻會一直因受虐自責。只要他在施虐者掌控下，就會充滿懷疑和罪惡感：「我要怎麼為這種虐待負責？」這會阻礙受害人的進步，尤其像許多案例常見的，施虐者會將受害人當成精神失常，把「你瘋了！」掛在嘴邊。受害人必須求助並照顧自己，不是為了施虐者或他所說的話，而是為了自己。

美國心理治療師史匹格（D. Spiegel）針對傳統心理治療形式為因應這類受害人必須做的改變，總結如下：「傳統心理治療鼓勵病人，為自己的人生問題負更多的責任，然而在這些案例中，你必須幫助受害人為其創傷負較少的責任。」受害人擺脫罪惡感可以減輕痛苦，唯有經過一段時間，等痛苦消逝，療傷完畢，才能夠回顧往日歷史，試著去了解為什麼會走進這種毀滅性的關係，為什麼未能保護自己。人必須活著才回答得了這些問題。

僅著重於內在心理的療法，會鼓勵被害人沉浸於抑鬱及內疚的狀態中，並過度檢視受虐情況，使他更加覺得應為兩人所涉及的過程負責。此種療法的危險在於只在他個人歷史中尋找過去的創傷，並認為那可對他當下所受的苦，提供直線因果關係的解釋，換句話說，是那些創傷要為他的不快樂負責。然而某些精神分析師在施虐者前來接受治療時，拒絕對其行為或作為下任何一丁點的道德判斷，甚至在施虐者明顯對他人有害時仍是如此；他們否認創傷對受害者的影響有多大，或是諷刺受害人自己想不開，老是停留在受虐情境中。近來討論創傷及其主觀影響的精神分析師讓我們看到，他們如何假借理論再次羞辱受害人，還指他受虐是自己不好。他們拿被虐待狂相提並論，認為是受害人主動尋求失敗與痛苦，然後對於自尋的傷害不負責任，是受害者自己樂於扮演受虐者的角色。同樣是這些精神分析師質疑受虐者的無辜，還主張受虐可為受害者帶來某種舒服的感受。

即便上述看法有幾點可以成立，但因絲毫不尊重受虐者，其立論與施虐者的觀點同樣是危險且折磨人的。精神虐待構成創傷，創傷帶來痛苦，這是無庸置疑的。一如任何創傷症狀，受虐者可能執著於某一特定面向的苦楚而難以解脫。於是衝突占據並主宰了他的想法，尤其若無人理會或了解他，孤立無援讓情況更惡化。要是把這種沉溺的症候群解釋成受虐者樂在其中，只會如我們常見的，造成創傷症狀復發。傷口必須先包紮好，始能進行其他的治療，受虐者也才能夠重啟思考過程。

治療時固然遵循理論態度超然，卻對被害人缺乏同理心，更遑論表達善意，為對方的利益著想，遭到羞辱的人如何能向這種精神分析師訴說心中祕密？

免於痛苦

童年時期若曾受到精神虐待或隱藏暴力的影響，日後會出現一個問題，亦即他似乎只能做出一種特定形式的反應，並給人一種印象，他仍緊抓著他所受的苦。精神分析師經常將此解釋為被虐待狂。「一切會如此，好像是透過分析挖到受苦與遺棄的核心，彷彿那是病人最珍貴的禮物，無法拋開，少了它就等於放棄自己的人格。」與痛苦的連結，以及在受苦情境中與他人交織的連結，這兩者有關聯。只要是形塑我們身為人的連結或關係，若要放棄它，勢必同時也得與相關的人分開；不與涉及虐行的人分開，就不可能拋開痛苦。沒有人喜歡痛苦本身，那是被虐待狂，但是人會喜歡最早學會各種行為方式的整體環境。

太快讓病人看清楚他的心理狀態很危險，即便你知道他讓自己落入遭控制的情境，是由於那情境裡存在著幼年時曾令人心安的元素。因為他童年時所受傷害，施虐者憑直覺就能掌握他的弱點。我們僅須誘導病人看出，不久前的受虐與早年的傷痛之間有什麼關係。但是這必須在你確定病人已脫離加害者的魔掌，並強壯到足以承擔自己那一份責任，不會內疚到病態的地步，才能夠收到免於痛苦的效果。

非自願且無意識的記憶會重演創傷。被害人為逃避與暴力經歷相關的切身之痛，會設法壓制情緒，但為了讓人生重新開始，他必須了解這種痛苦不會馬上消失，要學習去接受它。

同時他必須透過真正的哀傷，放下並接受自己的無能。這有助於他接受自己最深層的情緒與傷痛，並承認痛苦是自身值得尊重的一部分。唯有接受才能讓被害人不再痛苦和欺騙自己。

當被害人找回信賴時，便可回想所受到的暴力及自己的反應，重新檢視受虐的情境及本身在其中的角色。他不再需要逃離自己的記憶，而能夠以不同的新角度來接受那些記憶。

療癒

療癒意指把支離破碎的自我再整合起來，恢復正常運作的能力。心理治療應讓被害人覺悟到，不能重回被害的角色中。隨著善用自己的力量，曾促使他遭受掌控的被虐待狂因素，會自行消退。法國哲學家保羅・呂格爾（Paul Ricoeur）認為，療癒要從記憶著手，再藉著遺忘前進。他說，是太多記憶造成痛苦；忘不了曾經受過的羞辱固然令人苦惱，反之，記不得和逃避自己的過去也叫人不好受。

我們必須使病人明白，痛苦是他身上值得尊敬的一部分，有此覺悟才得以重建未來。他必須勇於面對傷痛。

受虐者脫離被掌控的桎梏後，後續的進展將證明這並非被虐待狂的案例，因為他們多半能從過去痛苦的經歷中得到教訓：學會保護本身的自主權，遠離言語暴力，拒絕讓自尊受到任何踐踏。這種病人不是「百分之百」的被虐待狂，加害者卻得以利用他被虐待狂傾向的重大弱點，對他施以操控。如果分析師告訴受虐者，他是因為喜歡而自討苦吃，等於一筆抹煞人與人互動與關係的問題。人並非孤立的心靈結構，我們存在於各種關係交織的網絡中。

受害者的創傷症狀包括人格重組以及與外界關係的改變。它留下永久的印記，但是有可能以此為重建的基礎。這份痛苦的經驗往往是個人重生的機會；走出傷痛後你會變得更強壯，不再那麼天真無邪；你下定決心將來一定要受到尊重。曾被殘酷對待的人，可以從承認過去的無能中獲得新的力量面對未來。費倫齊說，極度的危機有可能突然喚醒潛能。受害者內在被加害者掏空之處，會像磁鐵般吸引能量：「覺悟不會輕而易舉的來自一般痛苦，只能出於創傷之苦。由此產生次級現象或補償因素，以彌補心理的癱瘓。」於是乎「精神虐待」一詞取得新的意義，成為人生的一場「試煉」。療癒的意義就在於，整合創傷成為生命中具建構功能的事件，並發掘出過去被壓抑的對於精神的認知與理解。

心理治療的選項

要從眾多各式各樣心理治療的方法中做選擇，很困難。在法國是精神分析的治療當道，其他或許更適於受害者的療法則相形失色。原因在於，精神分析廣泛而有效的將其主要觀念與理論架構融入法國的文化中，並讓它成為一般常識。

認知行為治療

認知行為心理治療的目標，在於矯正病態症狀和行為，但不會處理人格或其驅動因子。

第一步是針對壓力層次進行治療。讓病人藉著放鬆技巧，學習減輕身體緊張、焦慮及睡眠問題。若受害者尚能保護自己，則熟練這些技巧對處理組織虐行非常有用。譬如他可以從放鬆及呼吸練習中，學習控制發怒，減少壓力對身體的影響。

另一種行為療法是自我肯定的技巧。針對受虐人的行為療法是秉持以下原則：相對於能夠明白表達需求和拒絕的自信者，受虐人往往被動、沒自信、不能肯定自我。我覺得這是十分簡化的詮釋，易使人相信受虐者是習慣性被動和信心不足。前面說過，雖然受虐者通常謹慎認真，有成就目標過高的傾向，可是在虐待情況之外，他們並沒有自我肯定的問題。過分簡化的自我肯定技巧，解決不了令施虐者能夠得逞的許多複雜因素。不過受虐者可以運用這類技巧識破操弄，認清與施虐者沒有溝通的餘地，並對自己的理想溝通模式不抱太高的期望。

行為療法有時會結合認知療法，教導病人如何切斷與創傷有關的思緒或反覆出現的影像；也可指導病人處理眼前問題的技巧，對受虐者而言便是學習如何反制操弄。

認知重建的方法似乎更有效果，值得注意。受虐者不是憂鬱症患者，可是如前面提到，其個性中有易於憂鬱的氣質，比方他會相信：「我犯了錯，所以我是個沒有價值的人。」

施虐者能夠成功的凌駕他，正是利用他信守的基本原則：為人奉獻、認真工作及誠實無欺。治療師可以幫助病人，減輕面對創傷的罪惡感，認清與忍受記憶帶來的極度痛苦，承認自己過去的無能，讓他得以走出創傷。

催眠

佛洛伊德過去曾經使用催眠和暗示力量，後因覺得那有誘導和控制之嫌而放棄。近年來催眠法重現江湖，尤其是艾瑞克森運動（Ericksonian movement）。美國精神科醫師、心理治療師，有現代催眠教父之稱的米爾頓．艾瑞克森（Milton H. Erickson）雖從未寫下他實際的作法，但已被歸為「非正統」治療師。他所用的催眠及其他轉化策略，會考慮到病人所處的環境，這使他對系統化家庭療法的發展有相當大的影響力。

利用催眠的技巧十分仰賴解離的能力，許多創傷受害者在這方面有過人之處。法國精神分析及催眠學家佛朗斯瓦．胡斯坦（François Roustang）主張，催眠造成的解離與創傷引起的解離類似：把能承受與不能承受的分開，不能承受的部分就歸諸遺忘。這類方法的目的在協助受害者建立新觀點，以減少與創傷有關的痛苦。那並非喚醒對心理衝突的認知，而是一種能夠讓病人運用自身資源的技巧。催眠愈深，病人的主體性和資源就愈清晰，他會發現自己能擁有從未想像過的潛能。

選擇催眠法可能有點矛盾。催眠時為切割創傷症狀，病人必須經過混淆的階段，而混淆正是虐待式掌控得以趁虛而入的關鍵。治療師必須運用催眠時的混淆，協助病人去除失敗傾向並加以改變（施虐者過去強加其意志和思考方式即利用這個傾向），好讓病人重建自己的世界。治療師若選定以催眠為療法，那便是非常關鍵的選擇；他必須極為小心謹慎，還要具備豐富的臨床經驗。此外，病人也必須提防，針對任何會引起創傷記憶卻不考慮病人整體情況的療法，都要高度懷疑。

系統化心理治療

系統化家庭治療的重點不在於個人症狀的改善，而在於家庭成員的溝通與個性化。夫妻治療的對象是一對伴侶，不是其中的某一人；家庭治療則對每個成員給予同等的關注。為分析互動過程，治療師應放棄任何「施虐者」或「受虐者」的標籤。

對系統化治療師而言，「受害者學」可能像是退回到直線詮釋。但是在治療初期認同每個人的個性時，就不能不考慮強化作用互相交替的過程。且看以下的例子：過分殷勤者可能加重伴侶的依賴傾向，伴侶卻覺得受不了。於是伴侶的回應變成排拒與挑釁。不明所以的這一方，覺得自己有責任，反而更加熱心，這又使伴侶的排斥心增強。我們唯有假設其中一人是自戀的施虐者，另一人有責怪自己的傾向，以上系統化的解釋才說得通。

系統化的假說如家庭的體內平衡概念（不計代價維持平衡）或雙重束縛概念（阻斷溝通以癱瘓思考過程），可以幫助我們了解凌駕或控制是如何坐大的。不過在臨床層次上，嚴格的系統化推論並不區分施虐方與受虐方，僅承認病態的關係，這樣有可能會疏於保護被害人。

在虐待狀況尚未完全消解時，分析循環過程很有用：它可以把個人的行為方式與其他家人的行為方式相連結。然而當虐行從掌控階段進入明目張膽的折磨時，虐待過程便有了自己的生命；單靠關係雙方的理性和改變意願，已中斷不了這個過程。

明確認定虐行，帶有隱含指控及譴責的道德意味，因此許多治療師寧可不這麼做。他們偏向抽象的討論虐待關係，不要去指明施虐者和受害人。結果是留下受害人獨自面對自己的罪惡感，無從擺脫致命的虐待過程。

無論如何，自戀的施虐者極不可能同意接受家庭或夫妻治療，因為他完全不會懷疑自己。勇於接受治療的人有抵禦虐行的機制可仰仗，就不會淪為真正的施虐者。當心理治療諮商是奉法官之命時，施虐者往往會操弄調解人，設法凸顯伴侶有多壞。所以治療師或調解人要對這種策略保持警覺，這是非常重要的。

精神分析

對於因虐待暴力以及其侮辱而處於震驚狀態的受害人，精神分析的標準療法不見得適合。精神分析著重於「內在心理」，不會認真考慮與他人的關係所誘發的病態。這種療法旨在分析被壓抑的童年本能衝突。佛洛伊德為節制移情作用，刻意訂下嚴格的就診規範（定期頻繁的約診，病人躺在長沙發上，看不見分析師），這可能造成難以承受的挫折感，因為病人被故意刁難不准溝通，也可能導致他把精神分析師與施虐者混為一談，因而終止不了依賴狀態。

唯有受害人心理夠健全才可接受精神分析，藉由回憶及檢視自己嬰幼兒時期有何遭遇，來解釋他對施虐者過度容忍的態度。精神分析也可以幫助受害人，擺脫自己身上令施虐者咬緊不放的弱點或過錯。

精神分析旨在改變基本的心理結構，而其他心理治療則在改善症狀並強化防禦能力，這些也可能帶來深層的心理變化。不管是哪種療法，初期的療癒階段對受害者很重要，他必須先與最近的受虐經歷脫鉤，然後才去碰觸童年的傷口。

單靠精神分析治療不好病人。沒有一種療法具奇蹟式的效果，能夠讓病人不必費力便完成改變。治療框架的重要性，比不上病人對療法的信任以及治療師的認真投入。治療師應對其他療法抱持更開放的態度，不要侷限於一種特定的思考方式，這種態度是必要的。當前已有跡象顯示，愈來愈多年輕的精神科醫生和臨床心理師，會特別留意不同的理論，而各派別的治療師也開始相互溝通切磋。誰敢說，未來不會在各種療法之間搭起橋樑，甚至出現精神醫療的整合？

結論

我們從以上章節看到，虐待過程在某些環境裡是如何發生的。不過我們也看得出來，這份清單並不完整，虐待狀況不會止於夫妻、家庭和企業組織的世界。凡是有競爭的團體都在所難免，如各級學校。在打擊別人的有利形象上，人類的想像力是沒有止境的；我們藉著打擊別人，設法掩飾自己天生的弱點，並取得優勢地位。講到權力，社會的每一份子都不可能置身事外。歷史上從來不缺精於算計的無恥弄權者，為達目的不擇手段，然而家庭和企業組織內的虐行猖獗，說明了社會主流思想的個人主義不可一世。在強勢狡詐者當道的體系裡，施虐者就是王。當成功變成主要價值，誠實就顯得不足為訓，虐待反而是機巧可取的。

西方社會在容忍的面具下，已逐漸放棄對行為的約束和禁止。然而像受虐者那樣，太輕易接受不對或有害的事物，社會的核心就會出現濫權的行為。有無數企業負責人及政治人物，他們是年輕人的效法對象，但是碰到必須除去對手或鞏固權力時，並不特別在意道德。有人濫用特權、利用心理壓力或所謂的國安理由、軍事上的保密義務，遂行一己之私。有人是靠鑽社福領域的漏洞、動會計手腳，或一般詐騙手法而致富，於是貪腐盛行。一般來說，一個團體、企業組織或政府機關中，只要出現幾個施虐者就足以使整個體系具有虐待性質。這種虐行若不予以譴責，便會經由威嚇、恐懼和操弄而暗中散播。只要以心理手法掌握住某人，影響他去說謊或違背自己的原則，此人即成為虐待過程的共犯。那是黑手黨及大多數極權政權的基本運作法則。不論是在家庭、企業組織或政府裡，自戀的施虐者會設計讓別人為他本身引起的災難負責，好讓自己以救星的姿態出現，從而坐上權力的高位；假如他不顧廉恥，就能穩如泰山。歷史上不乏拒絕認錯、不負責任、說謊及操弄事實與掩蓋劣跡之徒。

除了精神虐待這個單一問題之外，我們必須自問幾個普遍性的問題。如何重建人與人之間的尊重？容忍的限度應該在哪裡？要是單獨的個人制止不了虐行的破壞過程，社會就必須以立法來干預。最近在法國提出了針對中小學與大學校園中欺侮新生的法律草案，這類行為將被認定為輕度犯罪，以約束教育機構內的貶損或侮辱行為。倘若我們不希望人與人的關係完全受法律所管制，就必須讓孩子認識精神虐待並教育他們，以防止這種冷暴力的行為繼續肆虐。

參考書目

AUBERT N. et GAUJELAC V., *Le coût de l'excellence,* Paris, Le Seuil, 1991.
AVFT, BP 108, 75561 Paris cedex 12. Tél. 01 45 84 24 24.
BAUDRILLARD J., *De la séduction,* Paris, Denoël, 1979.
BERGERET J., *La personnalité normale et pathologique,* Bordas, Paris, 1985.
CLASSEN C., KOOPMAN C. et SIEGEL D., *Trauma and dissociation in Bulletin of the Menninger Clinic,* vol. 57, n° 2, 1993.
CROCQ L., « Les victimes psychiques », *in Victimologie,* nov. 1994.
CYRULNIK B., *Sous le signe du lien,* Paris, Hachette, 1989, 1997 pour l'édition de poche.
DAMIANI C., *Les victimes,* Paris, Bayard Éditions, 1997.
DEJOURS C., *Souffrance en France,* Paris, Le Seuil, 1998.
DOREY R., La relation d'emprise, *Nouvelle revue de psychanalyse,* n° 24, Gallimard, 1981.
DUTTON M.-A. et GOODMAN L., « Postraumatic Stress Disorder among battered women : analysis of legal implications », *in Behavioral Sciences and the law,* vol. 12, 215-234, 1994.
EIGUER A., *Le pervers narcissique et son complice,* Paris, Dunod, 1996.
FERENCZI S., « Confusion de langue entre les adultes et l'enfant (1932) », *in Psychanalyse IV,* Payot pour la traduction française.
FERENCZI S., « Psychanalyse des névroses de guerre (1918) », *in Psychanalyse III,* Payot pour la traduction française.
FERENCZI S., *Psychanalyse IV,* Payot.
FITZGERALD, « Sexual harassment : the definition and measurement of a construct », *in* M. A. Paludi (ed.) : *Ivory power : sexual harassment on campus,* State University of New York Press, Albany.
FREUD S., *Le problème économique du masochisme,* PUF, 1924.
GIRARD R., *La violence et le sacré,* Grasset, Paris, 1972.
HURNI M. et STOLL G., *La haine de l'amour (La perversion du lien),* Paris, L'Harmattan, 1996.

KAFKA F., *Le procès*, Flammarion, Paris, 1983, pour la traduction française.
KERNBERG O., « La personnalité narcissique », *in Borderline conditions and pathological narcissism*, New York, 1975. Privat pour la traduction française.
KHAN M., *L'alliance perverse*, Nouvelle revue de psychanalyse 8, 1973.
LAPLANCHE J. et PONTALIS J.-B., *Vocabulaire de la psychanalyse*, Paris, PUF, 1968.
LEMAIRE J.-H., *Le couple : sa vie, sa mort*, Payot, Paris, 1979.
LEMPERT B., *Désamour*, Paris, Le Seuil, 1989.
LEMPERT B., *L'enfant et le désamour*, Éditions L'arbre au milieu, 1989.
LEYMANN H., *Mobbing*, Le Seuil, 1996 pour la traduction française.
MACKINNEY et MAROULES, 1991, cité par PINARD G.-F. *in Criminalité et psychiatrie*, Paris, Ellipses, 1997.
MILGRAM S., *Soumission à l'autorité*, Paris, Calman-Lévy, 1974, pour la traduction française.
MILLER A., *C'est pour ton bien*, Paris, Aubier, 1984, traduction de Jeanne Etoré.
MILLER A., *La souffrance muette de l'enfant*, Aubier pour la traduction française, 1988.
MILLER A., *La souffrance muette de l'enfant*, Paris, Aubier, 1990.
NAZARE-AGA I., *Les manipulateurs sont parmi nous*, Les éditions de l'homme, 1997.
OVIDE, *Les métamorphoses*, Paris, Gallimard, traduction de G. LAFAYE.
PERRONE R. et NANNINI M., *Violence et abus sexuels dans la famille*, Paris, ESF, 1995.
RACAMIER P.-C., *L'inceste et l'incestuel*, Paris, Les Éditions du Collège, 1995.
RACAMIER P.-C., *Pensée perverse et décervelage*, Gruppo, 8.
RICŒUR P., *Le pardon peut-il guérir ?*, Esprit, mars-avril 1995.
ROUSTANG F., *Comment faire rire un paranoïaque*, Paris, Éditions Odile Jacob, 1996.
SPIEGEL D., « Dissociation and hypnosis in post-traumatic stress disorders », *in Journal of Traumatic Stress*, 1, 17-33.
SUN TSE, *L'art de la guerre*, Traduit du chinois par le père Amiot, Paris, éd. Didot l'aîné, 1772. Réed. Agora classiques, 1993.
TELLENBACH H., *La mélancolie*, PUF, pour la traduction française, 1961.

國家圖書館出版品預行編目資料

冷暴力：揭開日常生活中精神虐待的真相/瑪麗法蘭絲.伊里戈揚(Marie-France Hirigoyen)著；顧淑馨譯. -- 二版. -- 臺北市：商周出版, 城邦文化事業股份有限公司出版：英屬蓋曼群島商家庭傳媒股份有限公司城邦分公司發行, 2022.04

面； 公分

譯自 : Le harcèlement moral : la violence perverse au quotidien

ISBN 978-626-318-232-5（平裝）

1. 暴力 2. 心理衛生 3. 個案研究

541.627 111003878

冷暴力：揭開日常生活中精神虐待的真相

原文書名／Le harcèlement moral : la violence perverse au quotidien
作　　者／瑪麗法蘭絲・伊里戈揚（Marie-France Hirigoyen）
譯　　者／顧淑馨
責任編輯／程鳳儀、余筱嵐

版　　權／江欣瑜、林易萱、黃淑敏
行銷業務／林秀津、黃崇華、周佑潔
總 編 輯／程鳳儀
總 經 理／彭之琬
事業群總經理／黃淑貞
發 行 人／何飛鵬

法律顧問／元禾法律事務所　王子文律師
出　　版／商周出版　城邦文化事業股份有限公司
台北市中山區民生東路二段141號9樓
電話：(02) 2500-7008 傳真：(02) 2500-7759
E-mail：bwp.service@cite.com.tw
發　　行／英屬蓋曼群島商家庭傳媒股份有限公司城邦分公司
台北市中山區民生東路二段141號2樓
書虫客服服務專線：(02)2500-7718・(02)2500-7719
24小時傳真服務：(02)2500-1990・(02)2500-1991
服務時間：週一至週五09:30-12:00・13:30-17:00
郵撥帳號：19863813　戶名：書虫股份有限公司
讀者服務信箱E-mail：service@readingclub.com.tw
歡迎光臨城邦讀書花園　網址：www.cite.com.tw
香港發行所／城邦（香港）出版集團
香港灣仔駱克道193號東超商業中心1樓
Email：hkcite@biznetvigator.com
電話：(852)2508-6231　傳真：(852)2578-9337

馬新發行所／城邦(馬新)出版集團【Cite (M) Sdn. Bhd.】
41, Jalan Radin Anum, Bandar Baru Sri Petaling,
57000 Kuala Lumpur, Malaysia
電話：(603)90578822　傳真：(603)90576622　Email：cite@cite.com.my

封面設計／徐璽工作室
電腦排版／唯翔工作室
印　　刷／韋懋實業有限公司
經 銷 商／聯合發行股份有限公司　電話：(02)2917-8022　傳真：(02)2911-0053
地址：新北市新店區寶橋路235巷6弄6號2樓

■ 2015年05月28日初版
■ 2022年04月二版

Printed in Taiwan

Originally published as: *"LE HARCELEMENT MORAL: La violence perverse au quotidien"*
© Editions La Découverte, Paris, 1998, 2003
(www.editionsladecouverte.fr)
Complex Chinese translation copyright © 2015,2022 by Business Weekly Publications, a division of Cité Publishing Ltd.
All Rights Reserved
定價／380元

城邦讀書花園
www.cite.com.tw

版權所有・翻印必究 ISBN 978-626-318-232-5